MANUEL
DU
VÉLOCIPÈDE

PUBLIÉ PAR

LE GRAND JACQUES

ILLUSTRÉ PAR

ÉMILE BENASSIT

Prix : 1 franc

PARIS
LIBRAIRIE DU PETIT JOURNAL

1869

MANUEL

DU VÉLOCIPÈDE

MANUEL

DU

VÉLOCIPÈDE

PUBLIÉ PAR LE

GRAND JACQUES

ILLUSTRÉ PAR

ÉMILE BENASSIT

PARIS

LIBRAIRIE DU PETIT JOURNAL

—

1869

MANUEL DU VÉLOCIPÈDE

Le Vélocipède est un des signes du temps.

Après le coche, la diligence; — après la diligence, le chemin de fer; — après le chemin de fer, le Vélocipède...

Qu'on ne se trompe pas à ce dernier terme de progression : la marche du progrès est continue.

Le chemin de fer va plus vite, sans doute; mais c'est la vitesse mécanique, brutale, inintelligente...

Le Vélocipède est la vitesse individuelle émanant de l'homme même, la rapidité raisonnée se ployant aux caprices de la volonté; — la vitesse personnelle remplaçant la vitesse collective, l'affirmation de la puissance des nerfs substituée à celle de la vapeur...

Le style, c'est l'homme, — disait un grand naturaliste. Quels rapprochements plus intimes ne peut-on pas établir entre le Vélocipède et celui qui le dirige !

De même que la Malibran faisait passer son âme dans sa voix, l'homme fait passer ses jarrets dans les roues qui l'entraînent.

Aussi, la vogue du Vélocipède n'est-elle plus une affaire de mode et de sport, — c'est une fièvre.

Ce cheval de bois et d'acier comble un vide dans l'existence moderne ; il ne répond pas seulement à des besoins, mais à des aspirations.

L'*Almanach des Vélocipèdes pour* 1869, tiré à des milliers d'exemplaires, s'est épuisé en quelques jours.

On nous en demandait une nouvelle édition. Il nous a paru préférable de rassembler dans un volume, plus complet et plus pratique, tout ce qui pouvait intéresser les Vélocipédistes.

Nous n'avons pas pour cela renoncé à la fantaisie ; quelques-uns des articles les mieux réussis de notre Almanach ont été conservés.

— *Utile dulci*, dit le poète. Il ne suffit pas d'instruire les gens, il faut encore les amuser.

Voilà pourquoi, à côté d'articles sérieux, nous avons donné place à des nouvelles humoristiques, illustrées par le crayon d'un habile dessinateur.

Ce petit livre ne sera pas seulement un bijou typographique, mais le manuel raisonné du Vélocipède, le guide le plus sûr et le plus précis qui puisse être offert aux adeptes de la nouvelle locomotion.

Nos leçons résument en quelques pages la science et les conseils des plus habiles professeurs.

Les questions qui se rattachent au Vélocipède y sont traitées explicitement, au point de vue théorique et pratique.

Le Vélocipède, selon nous, n'est pas un caprice. S'il a pris place d'emblée dans la vie moderne, s'il excite à l'heure qu'il est une sorte d'engouement, cela ne saurait faire tort à son caractère d'utilité. Ce qui le prouve, c'est qu'à mesure qu'il se répand dans le monde élégant, le gouvernement et les grandes administrations l'emploient à es services spéciaux.

Il est certain que le Vélocipède restera. Nous étudierons peut-être un jour l'influence que ce nouveau véhicule doit exercer sur l'avenir, et nos neveux s'écrieront peut-être, en parodiant le mot de Buffon : LE VÉLOCIPÈDE EST LA PLUS NOBLE CONQUÊTE DE L'HOMME!

L. G. J.

L'ART DU VÉLOCIPÈDE

Lorsqu'un mot nouveau fait irruption dans la langue française, on est plus ou moins embarrassé au sujet des déclinaisons qu'il doit former et des mots nouveaux dont il peut être la racine.

On s'accorde jusqu'à présent à dire Vélocipède et Vélocipédiste. Le verbe exprimant l'action du mouvement nous paraît difficile à former. Dira-t-on *Vélociper ?* Le mot n'est pas des plus gracieux, mais il est malaisé d'en trouver un autre.

Le titre de cet article lui-même ne nous paraît pas satisfaisant. On dit : « l'art de l'équitation » et non pas « l'art du cheval. » Aussi voulions-nous écrire : « l'art de monter à Vélocipède, » mais il ne suffit pas de monter, il faut courir. Nous avons tranché la question en réduisant notre titre à sa plus simple expression.

En attendant que le Dictionnaire s'enrichisse des mots spéciaux qui vont y pénétrer par infiltration, dégageons-nous de ces préoccupations, et abandonnons la lettre pour l'esprit.

Le Vélocipède est un mode de locomotion qui n'est pas précisément moderne. On n'a qu'à consulter Bachaumont pour trouver au dix-huitième siècle des mécaniciens voyageant sur des chariots, mus par des ressorts auxquels on imprimait un mouvement avec les mains ou les pieds.

En remontant plus haut, on constate, dans les essais scientifiques des quinzième et seizième siècles, des rudiments de Vélocipèdes, et la Bibliothèque royale peut fournir des documents à l'appui de cette assertion.

Le Vélocipède n'était pas absolument inconnu à l'antiquité.

On remarque, dans les fresques de Pompéi, des génies ailés, à cheval sur un bâton monté sur des roues : quelle définition plus simple du Vélocipède actuel ?

Des images analogues, mais plus grossières, sont visibles dans l'écriture hiéroglyphique des Égyptiens.

Enfin, on pourrait faire remonter le Vélocipède aux premiers temps de la mythologie, car la Fortune sur sa roue se sert évidemment d'un Vélocipède perfectionné.

En réalité, prosaïquement, — le Vélocipède est un simple perfectionnement du fauteuil à roulettes.

Que nos lecteurs veuillent bien réfléchir à ce que nous avançons au lieu de s'en étonner.

Ne s'agit-il pas purement et simplement, dans l'action

nécessitée par le Vélocipède, de remplacer l'effort de la marche par une force appliquée à un mouvement de roue ?

Les deux machines sont donc de la même famille.

— Que gagne-t-on à substituer le Vélocipède à la marche ?

Cela est facile à calculer.

Nous supposons que nous sommes sur un terrain horizontal, bitumé ou macadamisé.

Dans la marche, l'homme fait mouvoir son propre corps, dont la théorie fixe le poids à 65 kilos en moyenne, avec une vitesse de 1 m. 50 par seconde ; — soit une dépense de force de cent kilogrammètres environ (*).

(Je m'excuse de ce mot barbare qu'il ne m'est pas possible d'éviter.)

D'un autre côté, les études faites sur le rapport de « l'effort du tirage au poids entraîné » établissent que la traction sur une bonne route plane peut s'évaluer au centième du poids de la charge.. ..

On ne gagne pourtant pas 99 sur 100 à se servir du Vélocipède :

— D'abord, parce que le poids du Vélocipède s'ajoute à celui du cavalier, et que cela réduit le bénéfice d'autant. On arrive ainsi à un effort nécessaire de 2 kilogrammètres.

— Ensuite, parce que cet effort augmente en raison directe de la vitesse. Or, si nous avons fixé à 1 m. 50 c.

(*) On nomme kilogrammètre l'unité de force nécessaire pour élever d'un mètre en une seconde un poids d'un kilogramme.

par seconde le mouvement de la marche, celui du Vélocipède atteignant 6 mètres par seconde, le rapport de 1 à 4 portera à 8 kilogrammètres la dépense de force de l'instrument.

— Enfin, parce qu'aux montées et aux aspérités de terrain, un désavantage notable se manifeste contre le Vélocipède. Le rapport de 1 à 100 entre le tirage et le poids entraîné se modifie rapidement, et si la pente devient roide ou le terrain trop inégal, la dépense de force de la machine arrive à dépasser celle de la marche simple.

Il est vrai de dire, en revanche, qu'aux descentes le Vélocipède va souvent tout seul, et quelquefois trop vite, si bien qu'on est obligé d'en modérer l'essor et de lui donner un frein.

Mais, en nous renfermant dans l'hypothèse du terrain horizontal uni, que nous avons adoptée, nous pouvons hardiment fixer aux neuf dixièmes la réduction de l'effort du voyageur, quand il remplace ses jambes par un Vélocipède à deux roues.

Les Vélocipèdes qui nous entourent sont plus ou moins perfectionnés.

Ils sont cependant issus d'une machine fort simple, nommée Célérifère, connue depuis soixante ans, et dont les Américains surtout ont fait usage.

Elle se compose de deux roues en flèche, sans transmission de mouvement, unies par une banquette assez basse pour que les pieds du voyageur touchent la terre.

Ces points d'appui assurent son équilibre.

« Le Célérifère, dit Bescherelle aîné, est une sorte de « cheval de bois posé sur deux roues, sur lequel on se « met en équilibre, tandis que l'on se donne un mouve- « ment d'impulsion avec les pieds. »

Le Célérifère date du commencement de ce siècle ; il fut employé, sous le premier Empire, par quelques administrations. On le retrouve dans les caricatures du temps. Oubliée pendant la Restauration, cette machine élémentaire parut reprendre faveur en 1830. Quelques facteurs ruraux en firent alors usage, mais elle finit par être abandonnée, pour n'avoir pu affirmer son utilité pendant un hiver rigoureux.

Le Célérifère, d'ailleurs, avait d'assez graves inconvénients, sans compter la dépense de forces assez élevée qu'il occasionnait. La rencontre du pied sur le sol était souvent rude, et il en résultait de fâcheuses secousses ; d'un autre côté, ce patinage usait rapidement les chaussures. Il n'est donc pas étonnant que le Célérifère ait été délaissé ; mais on peut regretter qu'à l'époque dont nous parlons, il ne se soit pas trouvé d'esprit assez ingénieux pour y ajouter les perfectionnements qui en ont récemment assuré le succès. Le Célérifère était l'œuf : le Vélocipède est l'oiseau. — L'incubation a été longue.

Aux esprits inquiets qui voudraient remonter au-delà du siècle et chercher « L'ORIGINE DES VÉLOCIPÈDES » dans la nuit des temps, nous recommanderons un article humoristique que nous publions plus loin sous ce titre.

Les Vélocipèdes actuels à deux roues atteignent une vitesse double de celle des Célérifères et ont une marche plus régulière.

Mais comme on ne touche le sol que par des roues fort minces, placées sur la même ligne, cela équivaut pour le voyageur à une sorte d'équilibre sur la corde tendue, — et il court le risque de ne pas le conserver.

N'exagérons pas pourtant....

Le point d'appui n'est pas tout à fait aussi exigu.

La roue d'avant, manœuvrée par une manivelle, peut s'écarter à droite ou à gauche, de façon à agrandir le polygone par lequel doit passer la ligne tombant du centre de gravité. En outre, la rapidité du mouvement contribue à maintenir le voyageur au-dessus du sillon tracé par les roues.

Mais ici se présente un cercle vicieux :

Pour garder facilement l'équilibre, il faut aller vite.

Mais pour aller vite, il faut être d'abord en équilibre.

Comment sortir de là ?

Les Vélocipédistes exercés impriment à la machine une poussée vigoureuse, en la tenant par le gouvernail. Ils suivent cet élan et montent sans s'arrêter, en ajoutant à la vitesse acquise par leur impulsion naturelle. Leurs pieds vont aussitôt rejoindre les pédales, et sont emportés par un mouvement qu'ils suivent d'abord et qu'ils provoquent ensuite. Le coursier est lancé et obéit désormais au pied et à la main.

Les Vélocipédistes moins habiles commencent par se familiariser avec l'ancienne manœuvre des Célérifères, dont nous avons parlé. Ils partent en appuyant les pieds sur le sol et procèdent par enjambées; ce n'est que lorsqu'une certaine rapidité assure leur équilibre que leurs pieds quittent la terre pour s'appuyer sur les manivelles.

La question est d'avoir les jambes assez longues pour se livrer à cette école. Aussi convient-il de donner aux débutants des Vélocipèdes de peu de hauteur. Le diamètre de leur grande roue varie de 80 centimètres à 1 m. 10 c. environ; il faut d'abord s'essayer sur les plus petits et suivre une gradation ascendante, — en tenant compte de la taille du cavalier.

On ne naît pas Vélocipédiste, dans l'entière acception du mot, mais il est des aptitudes spéciales, comme des maladresses exceptionnelles. Les élèves de cette dernière catégorie ne doivent pas désespérer de l'avenir : il leur faut pour quelques jours abjurer leur amour-propre, s'armer de résolution, et se mettre entre les mains d'un bon professeur, qui les transformera rapidement.

Ce professeur est toujours utile, et ce n'est pas nous qui engagerons les gens à s'en passer.

Un excellent gymnaste deviendra Vélocipédiste en quelques heures, s'il est bien guidé; — c'est là l'exception.

Un professeur donne toujours des conseils utiles, et évite aux débutants des hésitations et des premières chutes qui peuvent être dangereuses.

En suivant les cours du Manège Michaux ou du Gymnase Paz, on devient Vélocipédiste dans toutes les règles, et après cinq ou six leçons, on peut hardiment se risquer sur les boulevards ou les Champs-Élysées.

Le Vélocipède à deux roues est le seul qui mérite véritablement ce nom. C'est un cheval de race, tandis que le Vélocipède à trois roues est une petite voiture.

Il est vrai qu'avec ce dernier on n'a plus à se préoccuper de la question d'équilibre ; on est assis d'aplomb dans une sorte de fauteuil ; mais la traction est beaucoup plus difficile et nécessite un double effort ; — le corps, au lieu de contribuer au mouvement par son élan naturel, s'alourdit et se carre sur le siége.

Aussi donne-t-on en général à ces voitures de doubles moteurs.

Nous le répétons : il y a entre les Vélocipèdes à deux et à trois roues la différence qui sépare le cheval de selle du cabriolet.

Nos lecteurs verront à la fin de ce volume qu'une importante Maison, qui est à la tête de cette industrie, a résolu d'une manière très simple le problème qui consiste à donner au même Vélocipède deux ou trois roues à volonté. — Elle a créé le Vélocipède à deux fins.

Voici le résumé des conseils qui se rapportent au Vélocipède à deux roues :

Commencez vos premières études sur un Vélocipède très bas, de façon à ce que vos pieds touchent la terre et vous maintiennent en équilibre.

Allez de plus en plus vite, en vous aidant de la simple poussée des pieds.

Choisissez autant que possible, pour ces premiers exercices, un terrain en pente douce descendante, ou tout au moins un terrain horizontal, bitumé ou parqueté.

Placez vos mains sur les extrémités du gouvernail, le corps en arrière, les bras tendus, les yeux devant vous, — car le Vélocipède permet peu de distractions, et les cavaliers émérites peuvent seuls se permettre de saluer les amis qu'ils rencontrent.

Au fur et à mesure de vos progrès, et quand vous serez lancé avec une certaine vitesse, soulevez vos pieds de terre, — et maintenez l'équilibre de votre course au moyen du gouvernail.

Cela vous accoutumera à perdre pied et vous donnera confiance dans la stabilité de la machine. Vos jambes écartées seront prêtes à prévenir une chute ou du moins à en atténuer la gravité.

Quand vous vous sentirez d'aplomb, appuyez le pied droit sur le moteur, en effleurant le sol du pied gauche, pour vous habituer au mouvement des pédales.

Faites le même exercice en changeant de pied.

Quand vous serez familiarisé avec cette façon d'aller, placez successivement les deux pieds sur les moteurs et lancez-vous dans la carrière avec confiance.

Nous n'avons pas décrit le jeu du gouvernail, car c'est instinctivement qu'on en devine le mécanisme et qu'on en fait un bon emploi. C'est un véritable balancier qui déplace le centre de gravité, suivant les besoins de la course. Il fait dévier la roue de devant du côté de la main qui l'attire, et relève par conséquent le système du même côté. Si le cavalier se sent pencher à droite, par exemple, un mouvement instinctif le porte à s'accrocher, à se retenir avec la main droite ; il en résulte un mouvement du gouvernail et une légère conversion à droite qui renvoie la machine du côté opposé, par un effet de force centrifuge.

On reconnaît les débutants et les maladroits à l'abus qu'ils font du gouvernail qui vacille perpétuellement dans leurs mains. Ils redoutent à chaque instant de manquer d'aplomb, contrarient continuellement leur élan, décrivent une ligne constamment sinueuse, et finissent quelquefois par perdre un équilibre qu'ils ont trop bien voulu garder.

Pour un élève agile et quelque peu expert, aucun accident sérieux n'est à craindre. Les pieds, qui ne sont aucunement liés au moteur, peuvent le quitter en un clin d'œil, pour rencontrer le sol et prévenir une chute.

Ainsi que nous l'avons dit, l'accélération du mouvement rétablit et maintient l'équilibre. Le centre de gravité du système roulant, courant à grande vitesse, a moins de chances de s'écarter de la ligne tracée par les roues, ligne de 2 centimètres de large environ, par laquelle doit passer le fil à plomb idéal tombant du centre de gravité. Les pertes d'équilibre momentanées sont à chaque instant rachetées et compensées, et le cavalier, lancé à fond de train, peut parcourir de longs espaces, en ligne à peu près droite, sans s'aider du secours du gouvernail.

Quand on ralentit l'élan du Vélocipède, l'équilibre devient de plus en plus instable, par une raison inverse à celle que nous venons de donner.

Le gouvernail seul peut maintenir le cavalier qui marche avec lenteur ; cette allure est quelquefois imposée par un obstacle, des difficultés de terrain, des pentes à gravir. C'est une étude à faire, étude toute pratique, qui n'a rien d'excessif et que nous nous contentons d'indiquer.

Les Vélocipédistes, dans leurs promenades ou leurs excursions, doivent préférer les terrains plats aux terrains en pente, car si ces derniers ont du bon quand ils descendent, ils sont souvent très rudes à remonter. Si leur inclinaison atteint un décimètre par mètre, il est sage de mettre pied à terre et de continuer sa route, en conduisant le Vélocipède en laisse par le gouvernail. C'est alors un appui, une sorte de canne roulante, au moyen de laquelle on atteint le point culminant des montées, sans dépenser des forces inutiles.

Les descentes sont fort agréables, lorsqu'elles ne sont pas trop rapides. On doit toujours rester maître de son Vélocipède et bien tenir en main le gouvernail qui sert de frein. Lorsque la pente est douce, on peut placer ses pieds au repos et se laisser aller naturellement au mouvement de la machine ; si la pente augmente, on s'en aperçoit à une augmentation de vitesse, augmentation qui peut devenir considérable. On serre alors le frein et l'on reprend les pédales, car de même que les pieds activent le mouvement, ils peuvent le modérer et le suspendre. Au reste, dans les Vélocipèdes perfectionnés, le frein d'arrêt agit fortement et d'une manière presque instantanée. L'effort qu'on imprime au gouvernail paralyse la roue de derrière, et la course est presque aussitôt arrêtée.

Cela démontre la nécessité de manier sûrement ce gouvernail, qui est à la fois la boussole, le frein et le balancier du Vélocipède. Il agit directement, par une tige de fer, sur la roue d'avant, dont le moyeu porte les pédales. C'est l'âme de la machine.

Quand un cavalier est sûr de son équilibre, il ne s'inquiète pas des petits obstacles qu'il rencontre, lorsqu'il ne lui est pas possible de les éviter. Si le rêve du Vélocipédiste est la chaussée macadamisée ou le bitume des trottoirs, il n'en passe pas moins par les routes pavées, sans grand souci de leurs ornières et de leurs irrégularités.

Quand on arrive au but d'une course, si l'on monte un Vélocipède trop élevé pour que les deux pieds puissent toucher le sol à la fois, on exécute une conversion au moyen du gouvernail, en s'inclinant vers le centre du cercle que l'on décrit et en ralentissant le mouvement. Dès que l'inclinaison est suffisante pour que l'on puisse toucher la terre, on prend pied, en dégageant immédiatement l'autre jambe. Le Vélocipède, dont on ne quitte pas le gouvernail, perd presque au même instant son essor circulaire, qu'il termine autour du cavalier.

Pour tourner à droite ou à gauche, il suffit d'attirer le gouvernail du côté vers lequel on se dirige. On doit éviter les mouvements brusques et saccadés, et tenir compte de la force centrifuge, force qui tend à jeter le cavalier en dehors du cercle qu'il décrit.

Il faut donc, en même temps qu'on agit sur le gouvernail, s'incliner légèrement du côté vers lequel on veut aller. Il n'y a pas de règle formelle à cet égard ; l'inclinaison doit être d'autant plus prononcée que le mouvement est rapide et la courbe de plus petit rayon.

La pratique seule donne la mesure de la position qu'on doit prendre.

Cela explique pourquoi les Vélocipédistes qui se montrent au théâtre, et qui décrivent rapidement des cercles dans un petit espace, sont obligés de se pencher vers le centre, et arrivent quelquefois à prendre une allure tout à fait oblique, faisant avec le sol un angle de 40 à 50 degrés.

Les commençants feront bien de prendre du champ et de modérer leur élan, quand ils voudront changer de direction. La ligne courbe est du reste favorable au maintien de l'équilibre, et l'on éprouve moins de difficultés à courir circulairement qu'à suivre une ligne droite.

Les Vélocipédistes experts préfèrent les Vélocipèdes de grand diamètre à ceux qui les maintiennent trop bas. La vitesse de leur course s'accroît proportionnellement au rayon des roues, pour la même force dépensée. Mais toute médaille a son revers, et il est d'autant plus difficile de garder l'équilibre que l'on est plus haut perché. Il y a un juste milieu à prendre.

C'est une erreur de croire qu'il faille une grande dépense de forces pour mouvoir un Vélocipède. Les calculs que nous avons donnés plus haut réduisent l'effort nécessaire au dixième environ de la fatigue de la marche, sur un sol horizontal uni ; c'est donc peu de chose. — Mais, en dehors de cet effort, il y a des cavaliers qui dépensent inutilement des forces nerveuses, des tensions de muscles qui n'ont pas de résultat utile. Le mouvement des jambes doit être souple, facile, dégagé, — et ce n'est absolument que dans les montées qu'on doit sentir une résistance à vaincre.

Le Vélocipède, dirigé par un cavalier exercé, peut fournir de longues carrières et atteindre de grandes vitesses.

Voici quelques renseignements à ce sujet, puisés aux sources les plus authentiques.

Deux Vélocipédistes ont accompli, en six jours, une course de cent cinquante lieues, distance de Paris à Bordeaux, ce qui donne une moyenne de 100 kilomètres par jour. Ils n'abusaient aucunement de leurs forces et n'éprouvaient qu'une fatigue ordinaire. Rien ne les eût empêchés de continuer leur voyage dans les mêmes conditions.

On cite, mais à titre de tour de force et de pari, une course de 250 kilomètres, accomplie en vingt heures consécutives, y compris les temps de repos. La plus longue traite qu'un Vélocipédiste vigoureux puisse fournir sans s'arrêter ne peut guère dépasser 150 kilomètres.

Ces mesures sont ce qu'on pourrait appeler des vitesses de voyage ; elles sont infiniment au-dessous de la rapidité exceptionnelle qu'on peut obtenir, pendant un court espace de temps, en mettant des nerfs solides au service de l'amour-propre. On arrive à une vitesse de 500 mètres par minute, mais cette allure vertigineuse ne saurait se maintenir longtemps.

Ces exagérations de rapidité n'ont qu'un intérêt de sport et ne peuvent être l'objet d'aucune étude sérieuse. Il en est de même des excentricités que se permettent certains écuyers habiles, qui abandonnent le gouvernail, ou se posent en Renommée et en Amazone sur leur Vélocipède. On en a vu descendre l'escalier du Trocadéro et courir sur les parapets de la Seine : ce sont des jeux à se casser les reins.

Pourtant, nous ne saurions blâmer absolument les courses de Vélocipèdes, sans envelopper dans la même proscription les courses de chevaux ; cela nous ferait trop d'adversaires. Supposons que de même qu'on cherche à améliorer le cheval, on veut améliorer la fabrication des machines à la mode. Il est certain que les courses de Vélocipèdes sont moins dangereuses pour les écuyers.

Au reste, les données de temps et de vitesse que l'on trouvera plus loin dans notre article sur les « Courses de Vélocipèdes » sont absolument exactes, — et nous y renvoyons les lecteurs curieux de voir les résultats de la force humaine appliquée à ce genre de locomotion.

La vitesse normale du Vélocipédiste voyageur est de 4 à 5 lieues à l'heure, ce qui triple à peu près la vitesse du pas accéléré. Le mouvement imprimé à la machine doit être aussi régulier que possible et agir avec plus de souplesse que de force, car nous répétons qu'il y en a très peu à dépenser.

Avec cette allure, on peut faire vingt lieues en cinq heures, sans plus de fatigue que si l'on s'était promené pendant le même temps; il y a même avantage en faveur du Vélocipède, car le mouvement de marche est continu, tandis que le cavalier peut prendre des moments de repos sans que sa course soit arrêtée. Cela lui arrive toutes les fois qu'il trouve des terrains en pente descendante ou qu'il est lancé assez rapidement pour abandonner la machine à elle même. Il quitte alors les pédales et repose ses pieds sur l'appui voisin, jusqu'à ce qu'il sente le besoin de précipiter sa course.

Dans cette mesure, le Vélocipède, dont nous avons dit l'utilité, est non-seulement un amusement, mais un exercice hygiénique, salutaire et fortifiant.

Quant aux accusations qui frappent le Vélocipède et qui lui reprochent :

D'ébranler le système nerveux ;

D'être l'origine de maladies intimes et peu séantes à nommer ;

Il faut les reléguer avec les contes de bonne femme.

L'exercice du cheval est dix fois plus dangereux au point de vue sanitaire, — sans parler des ruades, des écarts et du mors aux dents.

On ne saurait nier, sans doute, que l'abus du Vélocipède ne puisse avoir des inconvénients, — mais quel est donc l'exercice à qui l'on ne puisse faire le même reproche, fût-il le plus doux du monde, le plus agréable et le plus consolant ?

J. Legrand.

LE MARIAGE AU VÉLOCIPÈDE

Je vous présente Mademoiselle Dorothée ..

Elle était réellement jolie. Je l'apercevais tous les matins, en descendant la rue des Martyrs, dans une cabane vitrée que son père avait fait installer dans un coin de son magasin. Elle tenait la caisse, recevait l'argent des clients, rendait la monnaie avec un sourire, — et alignait des chiffres sur un immense registre à coins de cuivre, ouvrage avancé qui la séparait des étrangers et la faisait invulnérable. La monnaie rendue, elle s'isolait du reste du monde, et comme une nonne marmottant ses patenôtres, bourdonnait des calculs sans fin dans lesquels s'abîmait son esprit.

Les méchants la prenaient pour une poupée de cire. Malheur à ceux qui s'arrêtent à la surface ! Je ne suis pas de ces gens superficiels qui se contentent de l'aperçu, du reflet, de l'apparence. Je vais au fond des choses, je m'irrite des obstacles, et devant les portes fermées je cherche la formule secrète qui doit les ouvrir. Mais quel était le « Sésame, ouvre-toi ! » de cette adorable personne?

J'avais déjà dépensé beaucoup d'argent en bibelots et autres inutilités, poupées articulées, peignes en écaille, cire à moustaches, cerceaux et toupies volantes, — car il faut savoir que le père tenait un bazar universel, — sans avoir fait un pas dans le cœur de la demoiselle. A peine tombait-il de ses lèvres de corail humides, un « merci » rapide et discret, lorsque je réglais le montant de mes emplettes. Je soupirais comme un soufflet de forge, sans qu'elle s'en émût plus que du roulement de l'omnibus de la place Pigale. Le gouvernement vint heureusement à mon secours.

Il résolut — cela ne me regarde pas — de falsifier les monnaies françaises. Au lieu de les frapper au titre de neuf dixièmes d'argent fin, comme on l'avait fait jusqu'alors, — il prétendit remplacer une partie de l'argent par d'excellent cuivre. Cette mesure, — que je ne saurais blâmer, — entraina de graves difficultés dans les rapports commerciaux de la population. Les cochers refusèrent comme un seul homme les pièces démonétisées, et déclarèrent ne vouloir accepter que les monnaies dont l'altération aurait réduit la valeur.

Cet exemple de désintéressement fut suivi par une foule d'industriels, et le père de mon infante, qui me parut être quelque chose dans la garde nationale, crut devoir prêter un appui sérieux aux élus de la France, en donnant à leurs arrêts force de loi dans sa boutique.

Je l'appris, par le plus grand des hasards, en voyant la belle caissière repousser dédaigneusement une pièce de dix sous que lui offrait un ecclésiastique qui venait d'acheter un serpent de Pharaon. Après quelques pourparlers, le digne homme retira la pièce incriminée, ornée du portrait de Sa Sainteté, et la remplaça par une effigie plus efflanquée.

Ce fut un horizon nouveau que je vis poindre, horizon tout illuminé des flammes roses de l'espérance. Je ne pris que le temps de remplir mes poches de pièces proscrites, et je rentrai dans le bazar avec des intentions conquérantes.

Le père me voyait avec plaisir. Ce bourgeois aimable, avec l'astuce naturelle aux trafiquants, avait remarqué la négligence et la distraction qui présidaient à mes achats, et il en profitait pour me vendre des ballons pour des lanternes, — si du moins ce dernier mot n'est pas risqué. — Comme les prestidigitateurs qui font prendre la carte forcée, il disposait en ma faveur des objets démodés qui encombraient ses plus hautes étagères. Je ne marchandais seulement pas. L'amour a de ces héroïsmes.

Pourtant, il ne faut pas calomnier les gens. Ce soir-là, le père eut une bonne pensée : — Qu'allons-nous vendre à monsieur ? dit-il à mon arrivée : un jeu de grâces, un harmonica ou un Vélocipède ? Justement, je viens d'en recevoir de frais émoulus de la maison Michaux. Ils marchent tout seuls ; on n'a qu'à les pousser par derrière.

Cette offre m'offusqua. Je me sentais bien capable d'emporter avec moi un pantin, une crécelle ou même un chariot attelé de son cheval et chargé de colis, — mais un Vélocipède ! — Aussi fut-ce avec un mouvement d'humeur que je ne pus réprimer, que je demandai :

— Qu'appelez-vous un Vélocipède frais émoulu ?

— J'entends, dit-il avec urbanité, un Vélocipède de fabrication récente, doucement élastique, à la fois souple et nerveux, ayant du velours et de l'acier dans ses ressorts.....

— A la bonne heure. Faites-en un paquet ; je vais l'emporter.

Et je me dirigeai vers la caisse. La belle fille ne bougeait pas plus que la Polymnie du musée des Antiques, qui lui ressemble d'ailleurs un peu. Cependant à la voix retentissante du marchand, qui criait :

— *Un Vélocipède Michaux ! Deux cents francs à recevoir !*... elle parut sortir de son atonie. Un rapide coup d'œil m'enveloppa. Je ne sais si elle me reconnut, mais une teinte rosée, à peine perceptible, passa sur son front. Telle la nuance fugitive, idéale, à peine accusée, dont le printemps colore les fleurs de l'églantier. Je fus un moment déconcerté, mais, reprenant mon sang-froid, j'alignai sur le comptoir nombre de pièces de deux francs à l'effigie de Pie IX, de Léopold, de Louis-Philippe et autres souverains mis au ban de la Monnaie. Pas une pièce autorisée, pas une tête passable, pas un souverain qui fût dans la légalité !...

— Monsieur, me dit-elle, cela ne passe pas!

Ses beaux yeux, brillants d'indignation, se levèrent soudain. Je m'attendais à l'attaque; je n'avais tant tourné autour du pot que pour arriver à cette crise suprême. Je le soutins bravement, ce regard ; je m'en emparai ; je dévorai ses rayons limpides ; j'y enchevêtrai si bien mon regard à moi, qu'elle se sentit inhabile à s'en dégager ; — et nous demeurâmes tous deux émus et tremblants, sans trop savoir où nous conduirait cette effluve magnétique....

— Bah ! dit le père d'un air conciliant, pour une fois, et s'il n'y a qu'une pièce!

— Toutes! s'écria-t-elle en s'animant, toutes, de la première à la dernière!

— Eh bien ! ajouta le bonhomme, nous les changerons à la Monnaie.

— Inutile, dis-je froidement, je change d'idée. Puisque mon argent est suspecté, je ne prends pas le Vélocipède.

— Quelle plaisanterie ! dit le marchand troublé ; ne pas prendre le Vélocipède, un client comme vous! Vous le prendrez !

— Vous le prendrez, Monsieur ! dit la jeune fille.

— Mademoiselle ! ..

— Il le faut, dit-elle avec une insistance étrange ; un homme à la mode ne saurait s'en passer.

— Je ne suis pas un homme à la mode, Mademoiselle.

— Vous en avez pourtant l'air, dit-elle obligeamment.

— Pour vous prouver le contraire, répondis-je, je vais vous conter mon histoire....

Le père s'assit ; la jeune personne passa sa plume dans ses cheveux, et je commençai, au milieu d'un profond silence, le récit de mes aventures :

HISTOIRE DU JEUNE HOMME

Je ne suis pas précisément Français d'origine, bien que je sois né à Montmartre, que j'aie été élevé à Bougival, et que Paul de Kock soit mon grand-oncle. Cela tient à des raisons de famille qui rentrent dans la vie privée, mur que je n'ai pas l'intention de franchir. Si cela vous est égal, nous ne nous appesantirons pas là-dessus, non plus que sur un accident de peu d'importance arrivé à ma nourrice.

— Cela m'est égal, dit le marchand.

— Je poursuis donc. Je me destinai à la littérature dès l'âge le plus tendre, mais ayant reçu une excellente éducation, je négligeai de me faire recevoir membre de la Société des gens de lettres, — dont j'ai l'honneur de ne pas faire partie.

— Il ne faut humilier personne, dit le père. On peut toujours donner sa démission au quinze août.

— N'interrompez donc pas, fit Dorothée.

— En effet, repris-je, cela m'ôte tous mes moyens. Votre charmante fille l'a compris, et j'ai bien assez à faire pour surmonter l'émotion que me cause sa présence.

— Est-ce à dire que vous l'aimez ? demanda le père d'un ton bourru.

Je demeurai interdit devant cet honnête homme. Très heureusement un monsieur l'appela pour marchander un polichinelle. Je regardai la jeune fille. La poupée s'était éveillée ; un vif incarnat couvrait ses joues délicates ; j'avais touché la pédale....

— Ah ! Dorothée ! m'écriai-je.

— Taisez-vous, dit-elle vivement, papa revient ! Prenez le vélocipède !

Je demeurai anéanti à ce mot. Eh quoi ! quand je croyais arriver à son cœur et toucher la corde sensible, une préoccupation mercantile la dominait à ce point ! Mes illusions s'envolèrent : j'étais comme un homme qui croirait décrocher une étoile, et qui, recevant un flot d'huile sur le nez, s'apercevrait qu'il ne tient qu'un lampion.

Je fus tiré de ces réflexions par la voix du père, que je trouvai fort adoucie.

On ne manie pas les polichinelles impunément. .... Ce type bigarré de la vie lui rappela sans doute les hauts et les bas de l'existence. Peut-être entrevit-il un avenir pour sa fille chérie ; peut-être l'aspect de ce jouet montueux le fit-il souvenir qu'elle était en âge d'être pourvue. Toujours est-il qu'en nous abordant il fut pris d'un attendrissement singulier ...

— Jeune homme, me dit-il, j'ai eu vingt ans comme vous. Je n'étais pas né, croyez-le bien, pour tenir un bazar dans la rue des Martyrs. La confiance que vous me témoignez me fait un devoir de parler. Vous saurez mon histoire, et vous y puiserez d'utiles enseignements. Et toi, ma fille adorée, pardonne si je t'ai si longtemps caché mes secrets ! Le temps est venu où tu dois tout apprendre. . .

Dorothée, les yeux baignés de larmes, sortit de sa niche et se jeta dans les bras de son père. Celui-ci, après s'être mouché, commença en ces termes :

HISTOIRE

DU MARCHAND DE LA RUE DES MARTYRS

Je suis né à Mantes la Jolie, qui s'enorgueillit d'avoir donné le jour à Charles Monselet et à Anténor Joly. C'est une ville agréable, qui a des fontaines vives et des promenades sablées, dont son conseil municipal a grand soin. Les femmes y sont gracieuses et avenantes ; les hommes ne leur cèdent en rien, malgré l'habitude invétérée qu'ils ont de porter lunettes.

— J'imagine, dis-je au marchand, que tous ne portent pas lunettes. Il ne suffit pas qu'on soit de Mantes...

— J'eus le tort de le croire autrefois, dit le bonhomme avec un gros soupir, et ce fut la source de tous mes malheurs. Elevé par un père équitable, je portais lunettes comme les autres, quoique cela me gênât beaucoup pour dormir, quand des affaires de famille m'obligèrent à partir pour la Suisse...

— Ah ! papa, s'écria Dorothée, que vas-tu dire ? Monsieur, ne le laissez pas continuer !

— Pourquoi cela ?

— Ne voyez-vous pas son œil qui s'égare, sa voix qui tremble ? Hélas ! la Suisse a sans doute caché de terribles mystères ! C'est là qu'il a connu maman. Elle avait voulu courir avec lui les glaciers et les montagnes : — Non, disait-il, je te sais imprudente ; tu voudras aller partout ; tu n'écouteras pas le guide ; ton pied glissera ; tu ne viendras pas ! — Je te dis que j'irai ! — Je te dis que tu n'iras pas ! Quel plaisir aurais-je à voyager, si je te voyais faire des bêtises ? — Il n'arrive jamais d'accident. — Je te dis que si ! — Je te dis que non ! — Et elle piétinait. — Eh bien ! j'irai avec Ferdinand !... C'était un fumiste, un ami de mon père, à qui son état avait donné beaucoup d'équilibre et de coup d'œil ; seulement il était d'un caractère obstiné.

— Laisse-moi continuer, dit le père.

— Non, s'écria l'enfant ; à la catastrophe, quand maman tombe dans le ravin, tu feras une scène épouvantable... Monsieur, au nom du ciel !...

— Eh bien ! dis-je, restons-en là ; j'aime mieux prendre le Vélocipède.

— A merveille ! dit le marchand, et puisque vous n'avez pas de monnaie convenable, je le ferai porter chez vous.

Je pris congé, fort perplexe, en échangeant avec Dorothée un regard qui m'alla jusqu'à l'âme. On apporta le vélocipède le lendemain, et l'on eut beaucoup de peine à le monter à mon sixième étage. On y parvint toutefois. Je passai la journée à m'exercer sur le balcon qui régnait devant mes fenêtres, allant d'abord en avant, puis en arrière, si bien que sur les dix heures du soir, j'étais d'une jolie force.

Le jour suivant, tout fier de ma nouvelle science, je priai le commissionnaire du coin de prendre mon vélocipède sur le dos, et je me dirigeai vers la rue des Martyrs, avec l'intention de faire de la haute école devant le magasin de Dorothée. Quelle fut ma surprise, en jetant les yeux sur la boîte qui la renfermait ordinairement, de ne voir personne ! La niche était déserte, les livres abandonnés ; le père, seul, fumait sa pipe sur le trottoir d'un air insouciant.

— Et Dorothée? lui demandai-je.

— Elle fait sa classe, dit-il majestueusement, — au manége Michaux...

— Quelle classe ?

— Sa classe de vélocipède.

— Ciel !

J'avais tout compris. Je courus en toute hâte au gymnase, mais un concierge, immuab le commele destin, m'en défendit l'entrée, prétextant que c'était l'heure des dames. J'essayai de le soudoyer; il fut inexorable, — quoique je lui offrisse des pièces couronnées... Il apporta cependant un adoucissement à sa rigueur.

— Vous ne pouvez entrer, dit-il, mais rien ne vous empêche d'attendre ces dames à la sortie. C'est précisément aujourd'hui le jour de pleine eau, le jour où l'on quitte l'école pour s'essayer au dehors. Nos amazones vont partir pour le bois de Boulogne. Justement, voici la cavalcade...

Je tressaillis d'admiration. Pareille à Calypso au milieu de ses nymphes, Dorothée, calme sur un vélocipède fougueux, sortait à toute bride du manége, en soulevant des flots de poussière. Vingt jeunes beautés lui formaient un cortége et roulaient autour d'elle. A peine l'élégante escouade eut-elle atteint les Champs-Élysées qu'elle partit comme l'éclair. Il y avait là de jolies jambes...

Je ne vis que celles de Dorothée. Oh! la jambe de la femme qu'on aime! Ai-je besoin de dire que j'avais à mon tour enfourché mon dada, et que je volais sur ses traces? En un quart d'heure, nous atteignîmes l'Arc-de-Triomphe de l'Etoile; cinq minutes après, nous entrions en plein Bois de Boulogne. Profitant d'un temps d'arrêt de la belle Dorothée, je décrivis un cercle, et vins passer sous ses yeux, en la saluant profondément.

Elle poussa un cri, un cri d'oiseau effarouché, et comme Galatée, prit la fuite par une contre-allée dont les sinuosités se perdaient sous d'épais ombrages. Les roues de son vélocipède tournaient avec une telle rapidité que leurs rayons n'étaient plus visibles; ses petites bottes, agitées par un mouvement fiévreux, piétinaient sur le moteur et pressaient sa course; ses cheveux s'en allaient au vent, de beaux cheveux châtain clair, à reflets dorés, semblables au sillon lumineux des comètes...

Il n'y avait pas un instant à perdre. J'eus une sorte d'intuition du secret que Dorothée cachait dans sa jolie tête délibérée. Mon bonheur était dans mes jambes: je m'élançai sur les pas de la jeune fille, en renversant un arroseur qui me barrait le passage.

Je ne courais pas, je filais avec la vélocité d'une flèche. Un gamin qui passait me cria : Train express! Dorothée, à cent mètres de moi, conserva d'abord sa distance. Comme vivacité, ses nerfs valaient les miens ; il ne fallait compter que sur la fatigue. De la contre-allée, elle passa dans l'allée de Longchamps et se dirigea vers la cascade. Un sentiment de joie intense vint envahir mon âme ; je la gagnais sensiblement.

Aux gazons de la cascade, elle n'avait que soixante pas d'avance ; elle prit parti, et tournant brusquement à gauche, elle s'engagea dans l'allée de la Vierge des berceaux. Cinq minutes après j'arrivais sur elle, et les boucles de ses cheveux dénoués venaient me frôler le visage...

— Dorothée, lui dis-je, je vous aime.

Elle ne répondit pas. Je fis un dernier effort et la gagnai d'une longueur de tête...

— Eh bien! dit-elle, je vous aimerai, — mais vous ne l'auriez jamais su, si vous ne m'aviez pas dépassée.

— Comment cela, chère enfant ?

— Ah! dit-elle avec un peu de mélancolie, c'est toute une histoire. Mon ami, modérez la vitesse de votre machine, et prenons cette allée solitaire. Vous saurez pourquoi vous avez dû gagner ma main à la force du jarret.

— Je suis tout oreilles, répondis-je.

Elle reprit haleine un instant, car la course l'avait essoufflée ; puis, d'une voix sympathique et mélodieuse, elle commença le récit suivant :

HISTOIRE DE LA DEMOISELLE QUI NE POUVAIT ÉPOUSER QUE LE MONSIEUR QUI LA DÉPASSERAIT A LA COURSE.

— Ma mère, dit la charmante Dorothée, était une bergère du canton d'Appenzell, renommé pour ses fromages. Vous savez sans doute que la Suisse doit sa délivrance à Guillaume Tell ?

— En effet, répondis-je, on en a fait un opéra.

— Je descends de lui par les femmes. Cela m'a donné une grande indépendance de caractère. Je suis née dans ce pays de grand air et de cimes, où l'on respire la liberté à pleine poitrine... J'aidais ma mère à garder ses troupeaux, et le soir, pendant qu'on jouait le *Ranz des vaches*, j'aimais à voir défiler les vaches en rang...

En disant ces mots, le corsage de la jeune enthousiaste se soulevait, palpitant comme une colombe prise au piége, et je rêvais de sphères et de sommets neigeux...

— Oh! dit-elle, les Alpes et leur sauvage grandeur! les torrents et les abîmes, les espaces vagues et les horizons perdus, l'immensité qui vous fait crier : Des ailes ! Voilà ce qui a bercé ma jeunesse et ce qui me manquait à Paris ! J'étouffais dans ses rues étroites, dans ses squares, dans ses carrefours : savez-vous ce qui m'a sauvée ? Le Vélocipède ! Le vélocipède qui m'a rendu l'élan, l'essor, le vent qui souffle dans les cheveux, la volupté de la vitesse !....

— Et voilà, répondis-je, pourquoi vous n'êtes pas muette...

Huit jours après, j'épousais Dorothée à Notre-Dame de Lorette. Nous allâmes passer notre lune de miel aux Buttes-Chaumont.

L.-G. Jacques.

L'ORIGINE DES VÉLOCIPÈDES

A Madame

Madame « La Librairie du Petit Journal »

A PARIS.

Vous me demandez, chère Madame, quelle peut être l'origine des Vélocipèdes, non pas au point de vue prosaïque et vulgaire, mais à celui de la logique et des recherches savantes. Il ne me serait pas difficile d'écrire de gros volumes sur un pareil sujet, et je ne refuse pas de les entreprendre, si vous me trouvez un éditeur de bonne volonté.

Toutefois, ce n'est pas ici le moment de prendre mes coudées franches, et je me renfermerai, pour l'agrément de vos lecteurs, dans les limites que vous m'avez assignées.

Il est à peu près acquis en métaphysique que les idées de l'homme, touchant les inventions et les imaginations matérielles, dérivent de l'observation de la nature, plutôt que d'une illumination ou d'une intuition quelconques. Cela revient à dire qu'il ne crée pas ; il imite, applique et perfectionne. On ne saurait tracer de ligne, de forme, dont le prototype naturel n'ait frappé les yeux. Il n'est pas de conquête qui échappe à cette règle un peu humiliante ; la foudre et l'aimant nous ont appris l'électricité et le magnétisme ; le pot-au-feu est le père de la vapeur.

Ce n'est pas que je cherche à rabaisser le mérite des esprits d'élite qui nous font avancer dans la voie du progrès. Mais ils ne sont pas créateurs pour être ingénieux. Depuis des siècles, les petits oiseaux résolvent à nos yeux le problème de l'aviation ; celui qui dotera le monde de la navigation aérienne ne sera donc qu'un copiste ; ne le méprisons pas pour cela.

Le cheval — conquis par l'homme dès les temps les plus reculés — est certainement l'idée-mère, le germe, le type de toute une série d'appareils de locomotion dont l'humanité s'est enrichie. Dans cette série, nous distinguerons une classe spéciale, renfermant les machines destinées à imiter le cheval ou à le remplacer, machines mues par la seule force humaine. Cette définition nous ouvre une galerie qui commence au bâton pour aboutir au Vélocipède.

Oui, très sérieusement, le premier enfant courant à cheval sur un bâton est l'inventeur du Vélocipède primitif. Tout le reste n'est qu'amélioration et perfectionnement. Il y a des chances d'ailleurs pour que l'enfant fût Abel, ou Caïn son frère, ce qui fait remonter notre machine à la Création du monde.

Le cheval-bâton ne saurait être relégué parmi les jeux de l'enfance. Aujourd'hui encore, les pâtres des Alpes descendent les pentes neigeuses à califourchon sur leurs piques ferrées ; il n'est pas de touriste qui n'ait expérimenté ce genre de locomotion.

Si nous passons au déluge, il nous sera facile de retrouver le Vélocipède dans l'arche de Noé.

L'Ecriture, qui se plaît aux paraboles, parle d'une branche d'olivier rapportée par une colombe. Or, notre appareil dérive du bâton, comme le bâton procède de la branche. Pour descendre sur les versants du mont Ararat, glissants de quarante jours de pluie, nos premiers pères durent s'armer du bâton des pasteurs.

Reportez-vous aux temps antiques que ce tableau vient d'évoquer. Voyez-vous dans ce bâton recourbé la tête du cheval avec son allure fière ? Le Vélocipède se perfectionne lentement. Mais, dans les civilisations primitives, il imite d'abord la forme et le contour ; plus tard, ce qu'il voudra conquérir, ce sera la vitesse.

Abandonnons cette première période d'où sortent deux grands courants distincts, qui ne sont pourtant pas sans analogie. D'un côté, le bâton conduit, dirige et gouverne ; c'est la crosse catholique aux mains des évêques et des abbés ; — de l'autre, il emporte, égare et mène au sabbat les sorcières nues ; c'est le manche à balai.

Si de la théologie nous descendons à l'autocratie, le cheval mécanique se dessine d'une façon précise, et prend, dès les premiers âges, une forme décisive. Sa personnification la plus célèbre est sans doute « ce cheval fameux recélant dans ses flancs les Grecs des temps héroïques, et portant dans Troie épouvantée la désolation, le carnage et la mort. »

Si ce coursier épique ne laisse rien à désirer au point de vue tragique et pittoresque, il paraît avoir été difficile à manier, puisque les Grecs ne purent le pousser dans Troie que de l'aveu de leurs ennemis.

Il faut maintenant franchir des siècles entiers pour arriver

Aux temps heureux de la chevalerie....

Au moyen âge, la légende du Vélocipède ou du Cheval de bois se retrouve partout. Il est peu de littératures qui ne l'aient accueillie. Cardonne et Petit de la Croix l'ont rencontrée en Perse; Galland la fait figurer dans *les Mille et une Nuits :*

« Un Indien, dit-il, se présenta au pied du trône; il fit avancer un cheval de bois, sellé, bridé et richement harnaché, représenté avec tant d'art, qu'à le voir on l'eût pris pour un véritable cheval...

« Dès que le roi lui eut fait connaître sa volonté, l'Indien ne fit que tourner une cheville, qui s'élevait un peu au défaut du cou du cheval, en approchant du pommeau de la selle. Dans l'instant, le cheval s'éleva de terre et enleva le cavalier comme un éclair... »

Si je ne craignais de m'éloigner de mon sujet, je vous parlerais de l'hippogriffe d'Astolfe, mais l'Arioste est un conteur trop fantaisiste pour figurer dans une étude savante. J'abandonne l'hippogriffe aux contes de fées.

Il n'en sera pas de même du fameux Chevillard, dont parle « *l'Histoire de Magalone, fille du roi de Naples,* » dans un précieux petit volume, imprimé à Séville en 1533. — « Ce cheval de bois, dit l'auteur, se dirige au moyen d'une cheville qu'il a dans le front et qui lui sert de mors.

Il vole dans les airs avec une telle rapidité, qu'on dirait que le diable l'emporte. D'après une antique tradition, il fut fabriqué par le sage Merlin, qui le prêta au comte Pierre, son ami, qui aimait la jeune Magalone. Le comte enleva la princesse, la mena en croupe par les airs, laissant ébahis tous ceux qui le voyaient passer... Ce qu'il y a de bon, c'est que ce cheval ne mange pas, ne dort pas, n'use pas de fers, et marche l'amble, sans muscles et sans nerfs, au point que celui qui le monte peut tenir à la main un verre plein d'eau sans en répandre une seule goutte, tant il chemine doucement et posément. C'est pour cela que la jolie Magalone se réjouissait tant d'aller à cheval sur son dos... »

Il est difficile de récuser le témoignage de Cervantes, à qui nous empruntons cette appréciation. On objectera peut-être qu'il fait jouer à Chevillard un rôle ridicule, en feignant de lui faire transporter dans l'espace Don Quichotte et Sancho Panza, alors qu'on se contente de les éventer avec des soufflets de forge et de les enfumer comme des jambons. Mais Cervantes écrivait une parodie, et n'a jamais songé à donner son Chevillard comme le véritable.

Dans les notes de l'édition du *Don Quichotte* de M. Louis Viardot, nous lisons que le vieux Chaucer, l'Ennius des poètes anglais, mort en 1400, a parlé d'un cheval à peu près semblable, qui appartenait à Cambuscan, roi de Tartarie. Il était en bronze et se dirigeait au moyen d'une cheville placée dans son oreille.

Il semble, surtout en faisant la part du style imagé de l'époque, que nous ne sommes pas loin du Vélocipède moderne. Ce n'est rien encore, et nous allons peut-être le dépasser. Dans un des livres les plus amusants qu'on ait écrits pour les enfants pendant ces dernières années, on trouve « *l'Histoire du roi Mistanflûte* » voyageur dont les aventures dépassent de cent coudées les récits de voyage les plus étourdissants *.

Nous n'emprunterons à son odyssée que l'épisode qui se rapporte à notre sujet :

Le roi Mistanflûte, de passage à Lisbonne, dîne avec un inventeur qui vient de fabriquer une monture d'un nouveau genre. Il en fait complaisamment la description :

« Figurez-vous, dit-il, un corps de cheval, monté sur des roues très légères, auxquelles on peut imprimer un mouvement de rotation avec les pieds ou avec les mains. Vous en avez vu courir sur les boulevards de toutes les grandes villes ; il y a des jouets d'enfants fabriqués sur ces données et que les bambins font manœuvrer dans les salons ou dans les jardins. Cela n'est pas une nouveauté. Voici où l'on s'écarte de la route battue :

« Dans le corps du cheval, qui est aussi gros que nature, sont renfermés des ressorts d'acier très puissants, dont les forces s'ajoutent et se manifestent, de façon à ne pas dépasser un maximum d'intensité, mais à le conserver le plus longtemps possible. Ces forces sont analogues à celles qu'on obtient en remontant un chronomètre, mais infiniment plus considérables. On ploie, on comprime une barre métallique fixe, qui tend, en vertu des lois de l'élasticité, à reprendre sa forme et sa position premières. Cela produit une poussée, qui fait marcher la montre quinze jours, un mois ou davantage.

« Au reste, ce genre de force motrice est représenté très

* *L'Histoire du roi Mistanflûte* fait partie d'un ouvrage en quatre volumes, aussi intéressant qu'instructif, publié par la Librairie du *Petit Journal*, sous le titre : LE CHATEAU DE ROBERT MON ONCLE : — il est du prix de 6 fr.

exactement encore par des jouets qui ne nous sont pas inconnus. Je veux parler des souris ou des petits chats, montés sur des roulettes, remplis de rouages intérieurs, et qu'on fait courir à volonté, en les remontant comme des pendules.

« Le cheval portugais était une simple souris roulante, mais faite sur un grand modèle, avec des perfectionnements particuliers. Il fallait déployer une force persistante, pour en tendre les ressorts, et cette opération durait près d'une heure. Le cheval pouvait alors marcher deux heures environ sur une surface plane et faire cinquante kilomètres. Mais voici en quoi résidait particulièrement la beauté de l'invention...

« Il était facultatif au cavalier de suspendre le jeu des ressorts et la déperdition des forces. Il s'arrêtait alors naturellement, si la route était horizontale, dès qu'il avait dépensé l'élan reçu et la vitesse acquise. Mais, pour peu qu'il fût lancé sur un plan descendant, sa course se prolongeait plus ou moins, suivant l'inclinaison. Que la pente fût très rapide, et il arrivait à une telle vitesse, qu'il était obligé d'user d'un frein spécial qui était à sa portée. Or, l'action du frein avait cela de merveilleux, qu'elle remontait les ressorts et emmagasinait des forces nouvelles. Cela est trop logique pour que je vous l'explique longuement. Le frein, dans cette affaire, était la marque de fabrique du génie.

« Aussi l'inventeur racontait-il avec complaisance que, parti dans la matinée de Santarem, il était arrivé à Lisbonne, après un trajet de cent kilomètres, sans avoir épuisé les forces de son cheval. Cela tenait du prodige; mais la route parcourue était en général inclinée vers le but du voyage, ce qui donnait la solution du problème.

« Après le repas, on descendit pour voir la curieuse

machine. Les dames voulurent la monter et firent un peu de manége. L'inventeur nous expliqua la disposition ingénieuse des roues, qui étaient faites de deux cerceaux de fer, séparés par une multitude de petits volets obliques, figurant à peu près les pelles des roues hydrauliques. Il avait prévu la possibilité d'une rivière à traverser, et cet obstacle naturel n'arrêtait pas le jeu de la mécanique. Le cheval surnageait sans difficulté, et sa ligne de flottaison n'atteignait pas les ouvertures par lesquelles avait lieu la transmission du mouvement. Ses roues, aux trois quarts immergées, battaient l'eau dans laquelle elles étaient plongées, à la façon de celles d'un bateau à vapeur. Tous ces détails nous remplirent d'enthousiasme, et l'un des convives s'écria, dans son admiration pour le cheval à ressorts :

« — Il ne lui manque que des ailes !

« On fit un tour de parc, et pour pouvoir satisfaire notre curiosité, qui voulait se livrer à des essais plus sérieux, l'inventeur confia la machine à ses domestiques qui la remontèrent.

« — Il est quelquefois un peu vif au départ, dit-il en riant ; la détente des ressorts a de la fougue. Qui veut le monter le premier ? Sera-ce vous, Monsieur le Français ?

« Malgré mon ignorance de l'idiome qu'il employait, je compris très bien son offre, qu'il accompagnait d'un sourire railleur.

« — Volontiers, répondis-je en mettant le pied à l'étrier.

« Il s'avança, dès que je fus en selle, pour me donner quelques instructions utiles. Mais, avec un aplomb qui prenait sa source dans un bizarre amour-propre, je pesai sur le levier qui mettait la machine en marche, et je partis comme un éclair, laissant la société étourdie et l'inventeur un peu inquiet.

« Mon imprudence cependant n'était pas aussi grande qu'on peut le supposer. J'avais étudié le jeu de la mécanique, pendant que les dames l'essayaient, et je me croyais habile. L'allure du cheval était la plus douce du monde, et sauf sa rapidité extraordinaire, je n'étais pas plus mal à l'aise que dans un carrosse. L'axe, qui me permettait de faire tourner la bête à droite ou à gauche, pivotait parfaitement, et je faisais d'immenses circuits, en évitant adroitement les obstacles.

« J'entendis le bruit des applaudissements, ce qui me grisa quelque peu. Je dirigeai ma course vers le groupe des spectateurs, et pour les remercier de leurs acclamations, je soulevai mon chapeau avec une aisance parfaite. Pour voir plus longtemps le sourire des dames, je tournai la tête une seconde ; — cela me perdit.

« La roue de devant, mal conduite, se heurta avec une violence extrême contre une borne qui se trouvait à fleur de terre. Je ne fus pas désarçonné, mais je sentis une rude secousse à la main qui tenait le levier de direction. La tige d'acier s'était brisée ; le cheval n'obéissait plus. A ce moment, j'étais lancé à toute vitesse dans une immense allée d'orangers, qui aboutissait à la plage, et qui n'avait pour horizon que les lointains bleus de la mer.

« Une sueur froide perla sur mon front; j'envisageai rapidement les chances de salut que je pouvais avoir ; aucune ne me parut sérieuse. Je songeai à sauter à terre, mais j'aurais été brisé comme verre, tant la rapidité de ma course s'accroissait à chaque instant. L'avenue s'inclinait vers la mer; je passais comme une hirondelle sous ses arceaux épais. Tout à coup, le jour m'inonda ; j'arrivais au rivage ; j'espérai un moment que les sables de la grève ralentiraient mon essor ; les eaux étaient trop hautes pour cela. Je fis voler une poussière humide en entrant dans l'eau ; je dépassai les remous de la lame ; je sentis que le cheval perdait pied ; je fus soulevé mollement par une vague immense qui m'emporta au large ; les roues fouettaient violemment l'onde qu'elles sillonnaient ; j'avançais vers la grande mer, vers les solitudes de l'Océan ! J'essayai de tourner sur moi-même, de changer de direction, en agitant vivement les jambes. Peine inutile ; j'avais vent arrière ...

« Le soleil se couchait ; quelques barques passèrent à proximité ; je les hélai de toute ma force. J'aperçus distinctement leurs équipages qui se signaient, et faisaient force de rames pour s'éloigner de moi. Je leur envoyai des malédictions que je regrette maintenant ; il leur eût fallu un singulier courage pour aborder le monstre marin que je montais, et pour affronter les tourbillons d'écume que je faisais voler autour de moi... »

Je m'arrête ici, mon cher ami, car je ne crois pas qu'il me reste grand'chose à dire. Je n'ai pas seulement fouillé dans le passé : je vous ai montré l'avenir. Le Vélocipède, vous le voyez, a sa tradition, ses parchemins et sa noblesse. Qui sait où le génie de l'homme peut le faire aller !

Tout à vous.

De la Fredière,

De l'Institut.

LES VÉLOCIPÈDES AU PRÉ CATELAN

L'intelligent et spirituel directeur du Pré Catelan, M. T. de Saint-Félix, à l'affût de toutes les nouveautés, de toutes les innovations qui peuvent exciter l'intérêt ou la curiosité du public, a donné une large part aux Vélocipèdes dans les programmes de ses fêtes de printemps et d'été.

Il a compris la valeur pratique de ce nouveau genre de locomotion, et les améliorations qu'il doit apporter dans les rapports sociaux des habitants des villes et des campagnes. Aussi l'administration de ce jardin merveilleux, si justement appelé la Corbeille de Fleurs du Bois de Boulogne, organise, pour la belle saison, des *Concours*, des *Courses* et des *Expositions* de Vélocipèdes.

Les *Concours* sont destinés à faciliter des études comparatives qui permettront de développer cette branche d'industrie, et d'adopter les modes de fabrication les plus avantageux. La vogue des Vélocipèdes s'accroît chaque jour, et ces luttes pacifiques sont un encouragement et un stimulant précieux.

Les *Courses* permettent de constater les progrès individuels dans l'art du Vélocipédiste. Il ne s'agit pas seulement d'arriver le plus tôt, mais de se diriger avec sûreté et de conserver un parfait équilibre. De là différents genres de courses : — courses de vitesse, — courses d'obstacles, — courses de lenteur. Il ne faut pas oublier que si le Vélocipède est un amusement et un luxe pour bien des gens, il a son côté utile et pratique qui représente son avenir sérieux.

Enfin, les *Expositions* sont destinées à faire connaître les nouveaux modèles et les nouvelles applications du Vélocipède, qui sont beaucoup plus nombreuses qu'on ne le croit.

Il était difficile de trouver un centre de réunion mieux choisi que le Pré Catelan pour des solennités pareilles. Ce jardin aux allées unies et sablées, à pentes douces, est depuis nombre d'années le rendez-vous des élégants habitués du Bois de Boulogne et de la bonne société de Paris.

On doit organiser, du printemps à l'automne de 1869, des Fêtes nationales et internationales, où les Vélocipèdes occuperont le premier rang. On parle même de Courses de dames, et nous regretterions que M. de Saint-Félix les abandonnât à l'Hippodrome, car elles sont fort attrayantes et ne blessent en rien les convenances, quand elles sont bien réglées. Un jury, composé de personnes expertes, jugera les concurrents et décernera les prix. La plus scrupuleuse impartialité présidera à ses délibérations.

Nous aurons donc à Paris un Véloce-Club, dont le siége demeurera établi au Pré Catelan, et qui gouvernera ces exhibitions.

Le Pré Catelan s'ouvrira le dimanche de Pâques, et le lendemain, lundi, auront lieu les premières courses de Vélocipèdes. Nous n'avons pas besoin de rappeler l'attrait de ses matinées musicales, de ses bals d'enfants et des représentations du théâtre des Fleurs, où doivent se produire cette année plusieurs ouvrages inédits. — Mais nous ne voulons pas faire de réclame.

Raymond.

ÉTUDE POLITIQUE
SUR LES VÉLOCIPÈDES

Lorsque les Crétois, 875 ans après la fondation de Salente par Idoménée, eurent secoué le joug des Turcs et adopté la méthode Jacotot dans leurs écoles primaires, il arriva un moment où les finances de l'État se trouvèrent fort embarrassées. On ne peut attribuer ce désordre aux dilapidations des ministres ni à l'ouverture des lignes de chemins de fer, car les ministres étaient payés à 2 francs l'heure et les chemins de fer n'étaient pas inventés. Une grande gêne cependant paralysait le commerce et la banque ; la Bourse avait tellement baissé que la rente était au-dessous de toute estimation, et que ses coupons se vendaient aux coiffeurs qui en faisaient des papillotes. Cette situation se prolongea si bien que l'empereur Mouchette en conçut des alarmes. Ce prince estimable adorait son peuple, au point de vue surtout des revenus qu'il en tirait. Son cœur naturellement paternel s'intéressait à son bonheur, bien qu'il le fît mitrailler dans les rues à la moindre velléité de turbulence. Nombre de gens pourrissaient dans l'exil et dans les cachots, pour avoir affiché des sentiments de loyauté que le prince considérait comme une critique amère et personnelle. Il aimait sa patrie, mais pour ce qu'elle lui rapportait.

Si quelque lecteur mal avisé voyait dans cette appréciation un blâme quelconque, il se tromperait grandement. L'empereur Mouchette n'était ni meilleur ni pire que la plupart des potentats de son temps. On sait que depuis cette époque les choses ont considérablement changé.

L'empereur des Crétois venait donc de déjeuner et nettoyait son râtelier avec une petite brosse, — car c'était une sorte de gandin, bien qu'il tombât en ruines, — lorsque son valet de chambre entra dans la salle à manger avec des allures étranges. Il apprit au monarque que son grand-visir, Poulette-Matapan, réclamait une audience immédiate.

— Qu'il entre ! dit le souverain qui n'avait pas ce jour-là sa colique ordinaire ; il prendra le café avec moi.

Mais à peine eut-il considéré le visage du ministre, qu'il comprit que le café n'était plus rien pour cet homme. Poulette était navré, et son auguste maître ressentit le contre-coup de sa désolation muettte.

L'empereur savait que le visir n'était pas homme à se troubler pour une cause vulgaire. Il le tenait en grande affection, pour avoir appris de lui la recette du miroton de bécassines à la gelée de navets, et d'abondant, pour lui avoir emprunté de l'argent, quand sa liste civile était épuisée. La sincérité historique m'oblige ici à le dire :

l'auguste Mouchette était un peu porté sur sa bouche. Il avait fait une fois dix lieues, sur son veau favori, pour cueillir des morilles fraîches. Il était revenu avec une indigestion, pendant que son veau, qu'il avait surmené, attrapait une fluxion de poitrine. On le traita vainement par l'iode et les infusions de géranium ; il périt en vingt-quatre heures. Il est bien entendu que je parle du veau.

L'empereur pleura ce serviteur fidèle. Mais les plus grandes douleurs ont une issue, et le visir, désireux de distraire son maître, remplaça le défunt par une girafe de l'Himalaya, parfaitement dressée, qui courait l'amble à ravir et parlait comme un phoque...

On s'attache aux gens dont les bonnes intentions se traduisent en attentions délicates. Le souverain aimait donc fort son visir, qui le lui rendait de tout son cœur. Ce n'est pas que Poulette eût été le dernier à le huer et à le couvrir de boue, si son peuple eût réussi à le mettre à la porte, — mais il lui vouait en attendant une inébranlable fidélité et un attachement inviolable.

Aussi l'empereur Mouchette comptait-il sur le dévouement du ministre de la bonne façon.

— Eh bien ! dit-il, quand il le vit arriver avec sa physionomie bouleversée, est-ce qu'il y aurait des rassemblements dans les faubourgs ?

— Plût au ciel ! dit Poulette ; ce serait l'affaire d'une fusillade et d'une cour martiale. L'événement est de la plus haute gravité.

Le prince, à ces mots, toisa le visir des pieds à la tête ; il fut un moment à se rendre compte de l'étrangeté de son aspect.

Poulette était habillé en Pierrot, et comme le carnaval était passé, cela lui parut extraordinaire.

— Que signifient, dit il, ces façons de carême-prenant ?

— Vous allez le savoir, dit le visir avec émotion. Mon devoir m'ordonne de vous montrer l'abîme qui s'ouvre sous vos pas. Vous savez que le ciel, pour notre malheur, nous a donné des voisins inquiétants. Nous ne sommes séparés des Liffre-Loffres que par un ruisseau de peu d'importance, qui se trouve à sec dans ce moment. Nos ennemis, sous prétexte de chercher des écrevisses sous les pierres, ont franchi le Rubicon, et ont couvert les murs de votre palais de fantoches indécents...

— Quoi! dit l'empereur, sans visa de la censure?

— Sans.

— Ils n'ont pas déposé?

— Ils n'ont pas déposé. Encore ne serait-ce rien, s'ils s'en étaient tenus à ces immoralités. Mais croiriez-vous qu'ils ont osé assimiler l'auguste face de Votre Majesté à une pomme cuite?

— Il n'y a plus de bornes, dit le monarque.

— C'est d'un mauvais exemple pour vos sujets. Aussi la guerre me paraît imminente.

— Certainement, dit Mouchette, surtout si l'on m'ennuie individuellement.

— Or, ajouta Matapan, il ne faut pas se dissimuler une chose; c'est que si nous cherchons noise aux Liffre-Loffres, nous serons inévitablements rossés.

— Tu m'étonnes!

— Rossés à plat, je le maintiens, à moins que nous ne leur jetions des bâtons dans les roues.

— Ils ont donc des roues? dit l'empereur étourdi.

— C'est là le mystère, dit le visir à voix basse. Notez que c'est un secret d'État, et qu'il ne s'agit pas d'aller jacasser avec l'Impératrice ou la petite Chiffonnette.

— Je ne dis jamais rien.

— J'en accepte l'augure... Avez-vous remarqué que le roi des Liffre-Loffres a fait recouvrir son jardin, l'année dernière, d'une immense peau de baudruche, sous prétexte que ses arbustes craignaient le grand air.

— Sans doute, puisque cela a été l'objet d'une note diplomatique.

— Eh bien! sire, on nous a mis dedans. Ce monarque astucieux voulait simplement nous dérober la vue de son manége.

— Un manége!

— Un manége de cavalerie, — et c'est ici que vous allez sonder les profondeurs de la politique de votre rival. Il s'est aperçu, comme nous du reste, du désavantage naturel que cause à nos armées l'absence de chevaux de trait ou de selle. Ces bêtes, dont l'utilité ne peut être contestée, surtout par les fiacres, ne peuvent s'acclimater dans notre île. Elles sont frappées d'une coqueluche maligne dans les huit jours de leur arrivée, et crèvent d'emblée, malgré le bois de réglisse dont on les nourrit exclusivement. Or, pas de chevaux, pas de cavalerie!

— Tu crois? dit le prince.

— Certainement. Or, que s'est-il passé? Pendant que vous proposiez des prix à vos académies, pour combattre le fléau, notre ennemi a eu une idée de génie.

— Et laquelle? dit Mouchette haletant.

— Oh! c'est bien simple. Dès que l'on ne pouvait guérir la coqueluche des chevaux, il fallait avoir des chevaux qui n'eussent pas la coqueluche.

— Mais c'est là la difficulté!

— Notre rival l'a tournée. Il a fait fabriquer à Paris, ville industrieuse située sous le 49e degré de latitude, des chevaux de bois et de fer, insensibles aux infirmités de la nature comme aux intempéries de l'air.

— Et que mangent ces créatures extraordinaires?

— Elles ne mangent rien. Une sorte de Prométhée les fabrique dans des ateliers où retentissent plus de marteaux que n'en entendit l'antique Lemnos. L'armée des Liffre-Loffres, montée sur ces coursiers infatigables, va, vient, vole, se multiplie, et se dispose à nous flanquer une volée.

— La situation me semble tendue, dit l'Empereur ; si je descendais à la cave ? J'ai précisément une pièce de vin à mettre en bouteilles.

— Gardez vous-en bien, vous démoraliseriez vos soldats. Montrez-vous, au contraire ; les bonshommes de ce matin sont un camouflet que vous ne devez pas accepter. De la tenue, Majesté ; moi je vais travailler dans l'ombre...

— Ah ! tu vas travailler dans l'ombre ? dit Mouchette ; si j'allais travailler avec toi ?...

Mais le visir avait disparu.

L'Empereur, seul, à table, se fit apporter un grand verre de vin d'Espagne. Il lui semblait entendre de lointaines rumeurs ; il avait des inquiétudes dans les jambes, des bourdonnements dans les oreilles, des nuages devant les yeux. Pourtant, il sentit ce qu'il devait à son rang, et après une demi-heure d'hésitation, il appela fortement, comme un homme qui s'avise.

— Çà, dit-il au premier domestique qui parut, allez me chercher un remise et qu'il m'attende à la petite porte du palais. Je le prends à l'heure.

— Sire, dit avec un peu d'embarras le serviteur interpellé, il règne dans la ville une agitation singulière ; le peuple s'assemble et s'écrie... Votre Majesté ferait peut-être bien d'intervenir.

— C'est pour cela que je m'en vais, dit Mouchette.

Mais, comme il enjambait les fauteuils pour filer plus vite, un grand bruit se fit entendre ; les portes du palais, cédant sous l'effort, livrèrent passage à une foule bruyante.

— Il est trop tard ! dit l'Empereur en pâlissant....

Mais il se remit tout à coup en apercevant ses courtisans empanachés, et à leur tête l'Impératrice et le visir qui criaient : Victoire !

— Quoi ! dit-il, qu'est-ce, qu'y a-t-il, qu'est-il arrivé ?

— Il y a, dit Poulette encore essoufflé, que j'ai rencontré le concierge de notre ennemi et que j'ai tâché de le corrompre. Il m'a objecté son serment de fidélité ; j'ai mis vingt francs de plus. Les mécaniques sont à nous ; je les ai cachées dans la cave.

— Triple corne de bœuf ! s'écria l'Empereur, agenouille-toi, que je te donne ma bénédiction !

— A votre aise !

— Veux-tu le collier de mes ordres ?

— Tout de même.

— La Toison d'or ? la Jarretière ?

— Allez-y.

— Tiens, embrasse Eulalie.

Poulette-Matapan se jeta dans les bras de sa souveraine, un peu mûre, mais encore fort agréable à voir.

— Tout est pour le mieux, dit le monarque en respirant. Mais je ne vois pas pourquoi tu t'es mis en Pierrot ?

— Ni moi non plus, dit le ministre ; il suffit que cela n'ait pas nui à l'affaire. A cheval, messieurs, à cheval !.....

En un clin d'œil, la cour tout entière roulait avec enthousiasme et dessinait mille arabesques sur le macadam de la grand'place. Le roi des Liffre-Loffres, qui se trouvait dans son grenier, aperçut ce remue-ménage par un jour de souffrance. Avec l'astuce qui caractérisait sa diplomatie, il passa aussitôt un habit, et vint complimenter l'Empereur des Crétois, pendant que des afficheurs assermentés couraient effacer les caricatures de la matinée.

Ainsi, la prudence d'un ministre prévint une guerre sanglante entre deux grands peuples. L'honneur en revint accessoirement aux chevaux mécaniques, qu'on baptisa du nom de Vélocipèdes, en souvenir de cette illustre journée.

Docteur VABONTRAIN.

CAUSERIE

SUR LA GYMNASTIQUE

Pour faire de la bonne gymnastique, de même que pour faire de la bonne médecine, il faut individualiser, c'est-à-dire appliquer à chacun les principes qui conviennent à son âge, à son sexe et à son tempérament.

L'adolescence est l'époque à laquelle les exercices du corps sont le plus utiles; ils servent alors à l'éducation des sens et à celle du système locomoteur.

A l'époque de la puberté, ils ont pour effet de répartir sur tous les muscles la sève exubérante qui tend à se concentrer vers les organes de la génération, et à prévenir les habitudes vicieuses que l'excès de sensibilité de ces organes détermine trop souvent. Ni la morale, ni les menaces, ni les châtiments, ni les entraves ne peuvent combattre ces funestes tendances. C'est dans la fatigue des membres et une violente excitation musculaire, qu'on trouve les seuls moyens de les prévenir ou de les détruire.

Dans l'âge adulte, la gymnastique est encore utile, afin de maintenir l'équilibre entre toutes les parties de l'organisme et d'éviter les concentrations vitales qui pourraient avoir lieu vers les viscères ; elle l'est surtout pour les gens qui se livrent à des occupations sédentaires, pour les hommes de lettres, de science et de cabinet.

Enfin l'exercice, un exercice modéré, convient également aux vieillards. La gymnastique alors rend le jeu des organes plus facile et sollicite l'action des fibres dont la sensibilité est émoussée.

On le voit, les avantages de la gymnastique sont extrêmes ; mais ses abus ne le sont pas moins, et nous pensons bien faire en indiquant *grosso modo* les différents modes de gymnastique qui nous paraissent devoir être adoptés, selon les diverses conditions indiquées ci-dessus.

L'enfant est une cire molle qu'on peut étendre en tous sens ; seulement, si la tension exercée est excessive, le but serait désastreusement dépassé. Donc, il faut simplement s'étudier à assouplir et à développer son corps en mettant la plus grande sobriété dans le choix des moyens qu'on emploie. Que pour rien au monde on ne songe, dans ce premier âge, c'est-à-dire jusqu'à dix ou douze ans, aux travaux de force proprement dits ; la croissance pourrait s'en trouver modifiée et aussi le caractère de l'enfant. Ce qu'il faut, c'est faire, et non surfaire ni défaire.

La femme, qui est un grand et admirable enfant, commande la même sollicitude et la même délicatesse que l'enfant lui-même. Comme le frêle arbuste qui résiste à l'ouragan mieux que le chêne séculaire, il faut qu'en conservant les formes et les grâces spéciales à son sexe, elle acquière toute l'énergie qui lui sera nécessaire un jour, pour concevoir et enfanter sans danger. Il faut à la femme des mouvements moelleux, des inflexions douces qui rendent ses membres souples, en développant sa poitrine et en fortifiant ses reins. Constituons, en un mot, un être relativement fort, fort dans la limite du possible et de ses besoins, mais gardons-nous bien de fabriquer des femmes hercules.

Pour les hommes d'âge mûr, il faut proscrire les exercice d'élan, barre fixe, cheval, sautoir, etc., et avoir recours presque exclusivement (à moins qu'on n'ait affaire à un sujet exceptionnellement svelte et nerveux) à la gymnastique d'ensemble ou mouvements raisonnés et progressifs et aux exercices des machines.

Donc, excepté pour les jeunes hommes de 15 à 30 ans, rien de violent, rien d'excessif, des efforts gradués, des instruments et des poids toujours inférieurs à la force acquise, et pour but dominant, l'équilibre et la santé.

Avis important :

Il n'est point indifférent de faire de la gymnastique à telle heure ou à telle autre.

Notre expérience nous permet de donner les conseils suivants :

Les gens d'âge mûr adopteront les cours du matin, avant le second déjeuner, ou ceux du soir avant le dîner.

Les personnes obèses, les goutteux, les diabétiques, celles d'un tempérament extra-sangnin, suivront de préférence les cours du matin, à jeun.

Les gens nerveux, les bilieux, les lymphatiques, les anémiques, — la leçon qui précède le dîner, en y ajoutant la douche ou la friction avec linge mouillé.

En thèse générale, faire de la gymnastique de telle sorte que la fin des exercices précède d'une heure environ le repas à venir, et qu'il y ait au moins trois heures écoulées depuis le dernier repas.

Seuls, les jeunes gens sains et vigoureux doivent s'habituer à faire de la gymnastique à toute heure, afin d'être toujours prêts à réaliser un effort quelconque, et de pouvoir supporter sans défaillance les épreuves que l'avenir peut leur réserver.

Qu'est-ce que la douche? nous demandera-t-on.

De l'eau à un certain degré de froid, projetée, soit perpendiculairement, soit horizontalement, soit ascensionnellement, sur le corps. C'est une série d'affusions vigoureuses, presque violentes, arrosant, immergeant, aspergeant l'épiderme en tous sens. C'est donc le sang mis dans un état de circulation momentanément anormal, refoulé d'abord de la surface au centre, et renvoyé ensuite avec une impétuosité nouvelle vers la périphérie du corps; ce sont les nerfs ébranlés, électrisés, réveillés de leur torpeur par le choc du jet et la sensation de froid; ce sont les pores de la surface cutanée se contractant et s'épanouissant, respirant à larges bouffées, se débarrassant de tout ce qu'ils renferment d'insalubre, s'appropriant à flots, on peut le dire ici, toute une vitalité nouvelle. C'est, en un mot, toute l'économie excitée à réaliser un effort qui élève sa puissance, et à ramener rigoureusement aux lois de la vie normale les actes assimilateurs, sécréteurs et excréteurs.

Pour que la douche produise l'effet désiré, il faut qu'elle soit à la fois une action et une réaction.

Nous nous expliquons.

Celui qui la prend doit, autant que possible, être en état de transpiration, non la transpiration factice du bain de vapeur ou celle que peut déterminer un calorique artificiel, mais bien l'excellente sueur qu'amène à la surface de la peau l'effort progressif d'un travail sagement compris et ordonné. L'escrime, la boxe, l'équitation, ou tel autre travail corporel que ce soit, tout est bon ; mais ce qui nous paraît préférable à tout, c'est la gymnastique même ; car, avec elle, tous les membres sont successivement mis en jeu, tous les organes sont soumis à un égal degré d'excitation, tous les tissus sont épanouis et prêts à recevoir l'impression saisissante des contraires : le froid opposé au chaud. Il faut que la sensation soit terrifiante pour qu'elle exerce des conséquences satisfaisantes ; il faut que tout le clavier du mécanisme humain donne signe de vie en un tressaillement suprême. Cela fait, le rôle de l'action cesse et celui de la réaction commence.

Avoir subitement reçu sur le corps une grande quantité d'eau pendant une minute ou deux, c'est évidemment, dès que la surprise a disparu, s'exposer au refroidissement.

Aussitôt se présente la friction sèche qu'il ne faut pas confondre avec la friction par le gant ou la serviette imbibée d'eau froide.

La friction sèche, qu'on le sache bien, ne doit point être simplement l'acte de dessiccation de l'épiderme mouillé ; elle doit, avant et par-dessus tout, être un réactif immédiat et brutal comme l'action même dont elle vient tempérer l'énergie excessive.

Donc il ne faut point, par douilletterie, se soustraire aux coups secs et rapides dont le garçon de service doit frapper le dos du *douché*.

Il ne faut point, avare de ses minutes, se dérober au frottement long et âpre qui doit rendre au corps sa chaleur, et sa circulation normale au sang.

Il ne faut point, sous le prétexte pusillanime d'un chatouillement désagréable, retirer son pied des mains du garçon et des aspérités du linge. Les extrémités inférieures doivent rapidement, au contraire, être réchauffées ; exigez même que celui qui vous frictionne vous fouette un peu la plante des pieds. L'essentiel est de ramener la chaleur à la peau.

Après la friction, aidez rapidement le travail de la nature, soit en vous livrant à quelques mouvements énergiques, soit en faisant une promenade de vingt minutes ou une demi-heure ; mais à aucun prix ne montez en voiture pour rentrer chez vous.

Pendant la douche, ne soyez point immobile. Servez-vous de vos mains pour flageller le reste du corps. Frottez-vous les bras et les jambes, surtout la poitrine. Sautez, gambadez, vous ne ferez que mieux.

Quand vous vous présentez devant la pluie (c'est généralement par elle qu'on commence), ne vous placez pas progressivement sous ses rayons, mais tout d'une pièce. Le *crescendo* du saisissement est un raffinement désagréable ; armez-vous donc de courage, et le jet à forte pression viendra ensuite vous consoler et assurer votre réaction.

La douche est un reconstituant merveilleux, un modificateur sans pareil ; mais, ainsi que de toute bonne chose, il n'en faut user qu'avec discernement et modération. Le traitement hydrothérapique doit varier selon les tempéraments. On ne saurait mieux faire avant de l'entreprendre que de consulter son médecin habituel et de lui demander une ordonnance, absolument comme celle qu'il donnerait pour le pharmacien. A l'expérience du chef de l'établissement à faire le reste.

E. Paz,

Directeur du Grand Gymnase.

LES COURSES DE VÉLOCIPÈDES

(Saynète)

PERSONNAGES

ISABELLE, bouquetière.

HORTENSE, ROSETTE, FÉLICIE, } Écuyères.

BERNARD, HIPPOLYTE, ANATOLE, UN ANGLAIS, } Sportsmen.

Sur le Turf, au Pré-Catelan. — Vélocipédistes de tout sexe. Amateurs, parieurs, badauds, bourgeois, journalistes. Le temps est clair. Des fanfares lointaines lancent des bouffées d'harmonie qui traversent le paysage.

ISABELLE, *circulant.*

Messieurs, un bouton de rose, un bouquet de violettes; fleurissez-vous, milord.

L'ANGLAIS.

Nô.

ISABELLE.

Vous ne paierez pas.

L'ANGLAIS.

Alors, je vôlais bien.

ISABELLE, *le décorant.*

Là. — N'oubliez pas la bouquetière.

L'ANGLAIS.

Aoh! j'aimais mieux rendre le paquet.

ISABELLE, *s'éloignant.*

Oh! ces Anglais, qui ont fait mourir mon Empereur!

BERNARD, *à ses amis.*

Oui, mes bien bons, c'est comme je vous le dis. La piste avait deux mille mètres, sans montées. Finot est arrivé premier en quatre minutes cinquante, avec un vélocipède de quatre-vingt-dix.

ANATOLE.

Épatant! Et le petit Machin?

BERNARD.

Machin s'est encapuchonné en partant. Il a eu beau donner des nerfs; il est arrivé second en cinq minutes. Jolie course!

HIPPOLYTE.

Et Chose?

BERNARD.

Chose s'étant forcé d'avance, a perdu son feu au premier kilomètre ; il a fléchi. Machin l'a distancé de trois longueurs.

HIPPOLYTE.

C'est dommage ; c'est un joli jarret.

BERNARD.

Oui, il n'est pas mou. On a fourni ensuite des courses de fatigue. Finot a abattu sa lieue en neuf minutes.

ANATOLE.

Les quatre mille?

BERNARD.

Très bien. Vous avez eu tort de manquer. Il y avait là un nouveau modèle en bronze d'aluminium, quelque chose de splendide, un Vélocipède à la Voltaire. On en aurait mangé.

ISABELLE, *survenant*.

Une rose, messieurs.

BERNARD.

Toujours, ma belle enfant. Combien la bouquetière?

ISABELLE.

Vous savez bien que je suis de Nanterre.

BERNARD.

C'est juste. Voici cinquante centimes. La vertu trouve sa récompense en elle-même.

ANATOLE.

Et la course de lenteur ?

BERNARD.

Elle a été amusante. Dix partants pour trois cents mètres ; personne n'est arrivé. Chose était aux cent coups ; il s'est jeté sur le flanc à dix pas du but; il prétend qu'il n'a pas assez étudié la corde raide. Finot était sur ses talons. Quand il l'a vu démonté, il a voulu filer carrément, car il était seul dernier ; mais, comme Télémaque, il lui fallait tourner son adversaire. Un faux mouvement l'a couché.

ANATOLE.

Beaucoup de monde ?

BERNARD.

Beaucoup, un public d'élite. J'y ai vu Moucheron, Topette et le duc d'Olivarès.

HIPPOLYTE.

Des femmes ?

BERNARD.

A foison ; tout ce qu'il y a de plus distingué : Blanche, Cora, Muqueuse, la Clé anglaise. La Clé portait la Toison d'or en bracelet.

HIPPOLYTE.

Qui la lui a donnée ?

BERNARD.

Un mouton, parbleu !

ANATOLE.

Messieurs, vous faites de l'esprit, et nous n'aurons pas de places. Voyez la foule qui se précipite. Ce sont les écuyères qui arrivent.

HIPPOLYTE.

En effet. Venez-vous, Bernard?

BERNARD.

Dans cette cohue ?

HIPPOLYTE.

Si vous voulez être présenté à Félicie ?...

BERNARD.

Ah! très volontiers.

(*Ils traversent les groupes et se dirigent vers les dames qui prennent possession du Turf. L'orchestre joue l'air du* Beau Dunois.)

HIPPOLYTE.

Mesdames, permettez-moi de vous présenter un gentilhomme de mes amis.

ROSETTE.

Un rameneur ?

HIPPOLYTE.

Au contraire. Ne vous intimidez pas, Bernard, madame fait des mots. — Au reste, ma chère, vous faites des frais inutiles ; Bernard est éperdument épris de Félicie.

FÉLICIE, *saluant.*

Monsieur !

HIPPOLYTE.

Ce qui ne peut le conduire à rien. On sait que Félicie est dans la légion étrangère. Oui, mon cher, comme le Rhin, elle a passé à l'ennemi.

BERNARD.

Permettez-moi de le regretter, madame.

FÉLICIE.

Monsieur !!

HIPPOLYTE.

Et cependant, elle a tenu dans notre verre !... Mais l'influence de monsieur de Bismark...

BERNARD.

Quoi, madame, avec des jambes pareilles, vous désertez?

FÉLICIE.

Monsieur !!!

HIPPOLYTE.

La cause est entendue, voilà ce que c'est que d'être trop belle ; elle a oublié d'apprendre à parler.

BERNARD.

Voulez-vous me permettre de vous offrir mon bras, en attendant la course ? *(Il s'éloigne avec Félicie.)*

HIPPOLYTE.

Bah ! tant pis pour la Prusse ! Vous avez donc vos nerfs, Rosette, que vous faites siffler votre cravache ?

ROSETTE.

Pas précisément. Mais je ne comprends pas qu'on puisse aimer les oies !

HIPPOLYTE.

Pourquoi ? L'oie est une volaille bourgeoise ; on l'accommode avec des marrons.

ROSETTE.

On la fait cuire alors. D'ailleurs, vous savez bien de qui je veux parler.

HIPPOLYTE.

Je m'en doute.

ROSETTE.

Au fait, vous l'avez aimée, vous aussi, cette Félicie. .

HIPPOLYTE.

C'est possible. Mais il y a si longtemps !

ROSETTE.

Il y a quinze jours.

HIPPOLYTE.

Le temps passe si vite!

ROSETTE.

Et vous avez l'effronterie de me parler ainsi, — quand vous me faites la cour !

HIPPOLYTE.

Moi, Rosette, je vous fais la cour ?

ROSETTE.

Dame! puisque vous causez avec moi.

HIPPOLYTE.

Voilà le plus joli mot de la journée.

ISABELLE, *arrivant.*

Monsieur, un bouquet pour madame.

HIPPOLYTE.

Y penses-tu ? Elle va monter à Vélocipède.

ISABELLE.

Qu'est-ce que cela fait?

HIPPOLYTE.

On ne monte pas à Vélocipède avec un bouquet...

ISABELLE.

Ni avec une cravache...

HIPPOLYTE.

En effet, pourquoi portez-vous une cravache, Rosette ?

ROSETTE.

Je ne sais pas ; c'est une idée.

JACQUELINE.

Alors, prenez mon bouquet.

HIPPOLYTE.

Prenez-le, si ça vous amuse.

ROSETTE.

Tout de même. (*Elle prend le bouquet.-- Triomphante !*) Ah ! ah ! vous voyez bien que vous me faites la cour !

HIPPOLYTE, *l'entraînant.*

Tu crois ?... (*Ils s'éloignent.*)

ANATOLE, *qui depuis un moment cause avec la troisième écuyère.*

Je vous dis, Hortense, que cela n'est pas convenable. Si vous ne connaissez pas ce monsieur, pourquoi le tutoyez-vous ?

HORTENSE.

Parce qu'il m'ennuie.

ANATOLE.

Il fallait le dire.

HORTENSE.

Pour que tu lui cherches querelle? Oh Dieu! toi, mon Anatole! Je te défends de parler à Rosette.

ANATOLE.

Je ne lui ai rien dit.

HORTENSE.

Si fait, tout à l'heure, tu lui as dit : Bonjour, mesdames.

ANATOLE.

Eh bien!

HORTENSE.

Eh bien! Rosette en était.

ANATOLE.

Tu es une tigresse d'Hyrcanie.

HORTENSE.

Si tu lui parles, je fais une scène.

ANATOLE, *pour faire diversion, l'examinant des pieds à la tête.*

Ah! par exemple, tu as fait des économies!

HORTENSE.

Moi, jamais. Que veux-tu dire?

ANATOLE.

Ta jupe est trop courte; on voit ton genou.

HORTENSE.

Est-ce que je suis cagneuse, par hasard?

ANATOLE.

Ce n'est pas une raison. Tu n'es pas bossue non plus. On irait loin si l'on ne cachait que ses défauts.

HORTENSE.

Mon Dieu, que tu es bête! Tu sais bien que je ne te cache rien.

ANATOLE.

Mais moi, c'est autre chose. Ce n'est pas un raisonnement.

HORTENSE.

C'est le mien. Fais-moi le plaisir de ne pas me tourmenter. Je ne pourrais pas courir. Dis donc, mon petit chat, qu'est-ce que tu me donneras, si je gagne?

ANATOLE.

Tout ce que tu voudras.

HORTENSE.

Et si je perds?

ANATOLE.

Il faudra te donner quelque chose si tu perds?

HORTENSE.

Bien plus!

ANATOLE.

Alors, tâche de gagner.

(*On sonne. Les écuyères se rapprochent du point de départ. Les Vélocipèdes frémissent. Elles se posent auprès de leurs montures, l'œil fier, l'allure décidée, la main sur le gouvernail. Nouvelle sonnerie. Elles s'élancent dans la carrière.*)

BERNARD.

Vingt-cinq louis pour Félicie!

HIPPOLYTE.

Je les tiens, — par politesse, — pour Rosette bien entendu. Et vous, Anatole?

ANATOLE.

Moi, je ne tiens rien du tout. Je cherche à comprendre la logique d'Hortense.

BERNARD.

Attention, messieurs ! Elles arrivent...

HYPPOLYTE.

Rosette tient la tête ; quel petit démon !

BERNARD.

Savez-vous que Félicie est vraiment charmante ? Voyez cette souplesse, cette élégance...

ANATOLE.

Bah ! Elle se laisse distancer. Hortense se ménage... Elle prend la corde : Bravo ! La victoire est à nous !

HYPPOLYTE.

Infortunée Rosette !

BERNARD.

Messieurs, Félicie perd la tête. Elle n'est plus dans la ligne ; son Vélocipède bat la campagne.... j'ai perdu !

(*Fanfares. Ces dames, essoufflées, mettent pied à terre et sont entourées d'amateurs. Elles se réfugient dans un cabinet où ne sont admis que quelques privilégiés.*)

ANATOLE.

Hortense, dans mes bras ! Quinze cents mètres en deux cents secondes ! Tu es un ange !... montre tes ailes !

HORTENSE.

Tu es content ?

ANATOLE.

Veux-tu que je te porte en triomphe ?

HORTENSE.

Tu vois bien que ma jupe n'était pas trop courte !

ANATOLE.

Peut-être bien. Mais on te rappelle. Va saluer la foule idolâtre.

(*Hortense se met à la fenêtre. Fanfares, acclamations; reprise de l'air du Beau Dunois. Elle envoie des baisers au public.*)

ROSETTE.

Monsieur Hyppolyte...

HIPPOLYTE.

Que désirez-vous, ma belle?

ROSETTE.

Mon chapeau, mon waterproof, votre bras. Je suis agacée.

HIPPOLYTE.

Voilà ; — j'avais pourtant parié vingt-cinq louis pour vous.

ROSETTE.

Eh bien! vous me les donnerez. Partons, je vous prie.

BERNARD, *à Félicie.*

Ma foi ! madame, on ne saurait perdre avec plus de charme. Consolez-vous; la grâce vaut au moins la vitesse. Vous êtes trop belle pour faire un métier de cheval.

FÉLICIE.

Monsieur !

BERNARD.

Ces dames ont la jambe plus nerveuse, mais la vôtre est plus ronde. Il ne faut pas demander des roses aux pommiers.

FÉLICIE.

Monsieur !!

BERNARD.

Si vous m'en croyez, nous irons souper. Rien n'est tel que d'arroser les défaites.

ISABELLE, *survenant.*

Monsieur, mon dernier bouquet.

BERNARD.

Volontiers, mon enfant.

ISABELLE.

Non, gardez votre argent; je vous le donne; je n'en vendrai plus. Ces Vélocipèdes m'ont remué l'âme. Je vais au manége !

BERNARD.

Qu'as-tu donc?

ISABELLE, *inspirée.*

La vocation.

G. R.

SOCIÉTÉ PRATIQUE DU VÉLOCIPÈDE

Nous croyons être agréables à nos lecteurs, en publiant un extrait des statuts de la Société des Vélocipèdes, qui vient de se fonder à Paris.

Extrait d'un arrêté de M. le Préfet de Police, du 22 décembre 1868 :

Article premier.

L'Association dite : Société pratique du Véloc'pède, est autorisée.

Art. 2.

Sont approuvés les statuts de cette Société tels qu'ils sont annexés au présent acte.

Art. 3.

Les membres de l'Association devront se conformer strictement aux conditions ci-après, à savoir :

1° N'apporter, sans notre approbation préalable, aucune modification aux statuts, tels qu'ils sont ci-annexés ;

2° N'admettre aucun étranger dans les réunions partielles ou générales, et ne s'occuper dans ces mêmes réunions d'aucune matière étrangère à l'objet rigoureusement indiqué par le but de l'Association ;

3° Fournir, chaque année, une liste nominative des personnes faisant partie de la Société ;

4° Se conformer à toutes les autres conditions que l'administration croirait ultérieurement devoir prescrire, notamment dans l'intérêt de la sécurité publique ;

5° Faire connaître à la préfecture de police, au moins

cinq jours à l'avance, le local, le jour et l'heure des réunions.

Art. 4.

Cette autorisation pourra être retirée immédiatement, en cas d'infraction aux dispositions qui précèdent et qui devront être insérées dans les statuts.

Le reste de l'arrêté contient des formules administratives.

Nous extrayons maintenant des statuts de la Société ce qui peut intéresser nos lecteurs.

Article premier.

La Société a pour but :

§ 1er. D'établir des relations entre tous ceux qui s'occupent de Vélocipèdes.

§ 2. De rechercher quels sont les meilleurs systèmes inventés jusqu'à ce jour.

§ 3. De favoriser la construction de nouveaux modèles.

§ 4. De créer des courses et des expositions à l'occasion desquelles elle décernera des récompenses.

§ 5. De propager le goût du vélocipède et d'en faire ressortir l'utilité et l'agrément par tous les moyens en son pouvoir.

§ 6. D'acheter pour le compte des sociétaires des Vélocipèdes qu'elle leur revendra suivant les conditions arrêtées par le conseil d'administration.

§ 7. De louer des remises pour les Vélocipèdes appartenant aux sociétaires.

Art. 2.

§ 1er. La Société se compose de membres titulaires, payant une cotisation annuelle de douze francs, et de membres à vie qui paieront en une seule fois une somme de cent cinquante francs.

§ 2. Les membres titulaires et les membres à vie auront droit d'entrée à toutes les courses et expositions, mais ce droit sera tout à fait personnel.

(L'art. 3 a rapport à l'organisation hiérarchique de la Société, aux mesures d'ordre et à son administration.)

ART. 4.

§ 1. La Société tient ses séances tous les quinze jours, mais les membres peuvent se réunir pour faire des essais et des comparaisons entre les divers systèmes; néanmoins, il ne sera décerné des récompenses que quand ces réunions auront été constituées en commission par un vote de la Société.

§ 2. Les séances sont présidées par le président, en son absence par le vice-président, et en leur absence par le membre du conseil qui a eu le plus grand nombre de voix.

§ 3. Les membres des commissions chargées d'expérimenter les vélocipèdes devront inscire, chacun séparément leur avis sur des cartes, et le secrétaire de la commission sera chargé de faire connaître le contenu de ces cartes dans la plus prochaine séance, sans nommer les membres.

La Société pratique du Vélocipède est dirigée par M. Émile Royer, rue de Buci, 40, à Paris.

LES AMOURS D'UN VÉLOCIPÈDE

I

Clémence était replète et brune.

Le Vélocipède était mince et jaune.

Elle allait trottinant par les rues, avec de petits déhanchements pleins de grâce et de fantaisie.

Il allait galopant par les avenues, avec des vitesses élancées, pleines de vigueur et de gracilité.

Parfois, ils se rencontraient au détour d'un chemin.

Clémence rougissait — sans savoir pourquoi.

Le Vélocipède saluait — sans savoir comment.

De rougeurs en saluts, on en vint, de part et d'autre, à se faire de ces rencontres une habitude, d'abord insouciante, puis voulue, jusqu'à ce que l'habitude se fît besoin.

Et dès lors, quand Clémence n'avait pas vu le Vélocipède, et quand le Vélocipède n'avait pas vu Clémence, elle avait de la tristesse sur la planche et des soupirs à la gorge pour tout le restant du jour; il en avait, lui, pour vingt-quatre heures de mélancolie et de « *ne savoir que faire.* »

Or, qui ne connaît les dangers du « *ne savoir que faire* » et les inspirations saugrenues qu'on lui doit, et les sottises qu'il vous suggère, et les embarras qu'il vous suscite.

C'est lui qui d'un homme chaste et d'humeur modérée, fait un Lovelace intrépide, jetant, au premier chignon retroussé qui passe, des ardeurs et des enthousiasmes spontanés, sans la moindre cause déterminante, sans l'ombre d'un prétexte, sans la queue d'une sincérité.

II

Il en allait ainsi, quand une semaine tout entière vint à s'écouler sans que notre coureur eût pu parvenir à mettre une seule fois l'œil sur sa promeneuse accoutumée.

Jugez de son désarroi !

Et pourtant, malgré les sollicitations de l'ennui et la maussaderie née de ses désappointements successifs, il avait, sept jours durant, grâce aux caprices de hasards intelligents, qui toujours au bon moment étaient venus le distraire, — il avait, disons-nous, réussi à se garder de toute exaltation dépitée, à l'endroit du sexe auquel il devait les douces sensations éprouvées devant Clémence.

Sept jours ! c'était, à vrai dire, un résultat tout à fait inattendu ; aussi mon dit Vélocipède sentait-il, quand il songeait à la force de résistance dont il avait fait preuve en cette occasion, sourdre en lui des tempêtes d'orgueil, auxquelles ne sauraient être comparées même celles d'Archimède, quand il put pousser, au-dessus du macadam des boulevards de Syracuse, l'*Eurêka* de ses rêves.

Oui, mais par malheur les sept jours passés furent suivis d'un huitième. — C'est toujours comme ça !

III

Du reste, voici les faits :

Le bicycle suivait, morne et les freins baissés, l'avenue des Champs-Elysées, sans trop prendre garde où il posait ses roues, lorsqu'un simple caillou, jeté par hasard, se trouva sur son passage.

Dix-neuf fois sur vingt, en d'autres heures, le vélocipède eût franchi l'obstacle, sans même deviner sa présence, mais ce jour-là!...

Bref, le pauvre coursier — « métal et bois » — roula dans la poudre, les quatre fers en l'air.

Un cri retentit.

Une femme se précipita.

. . . .

Quand notre héros rouvrit les yeux, il aperçut une tête blonde penchée sur la sienne, au milieu d'un cercle immense de curieux...

Depuis vingt minutes, en effet, le dit chignon, accroupi auprès du Vélocipède, lui prodiguait les soins les plus délicats et les plus intelligents. Un flacon de sel anglais aux doigts et des flots de douces paroles aux lèvres, elle était parvenue à ranimer les sens du pauvre culbuté.

Or, cette femme, qui était-elle ?

Je parie cent contre un, qu'à cette question, le chœur des lectrices va s'écrier, triomphant :

— Clémence !

Eh bien ! non, ce n'était pas Clémence !!!

Clémence porte toujours un chapeau rose.

La femme agenouillée avait un chapeau mauve.

Son nom....

Mais n'anticipons point.

IV

Une fois l'évanouissement tout à fait passé, et les sels épuisés, ce fut de la part du revenant des témoignages de gratitude dont je vous laisse à deviner et la chaleur et l'énergie.

Le mal est qu'on ne peut guère faire acte de remerciment, en pareil cas, sans regarder, ne fût-ce qu'un peu, la personne à laquelle on s'adresse.

Le bicycle regarda donc : le chapeau mauve se trouvait être adorable.

Une taille d'une minceur idéale, se resserrant sans effort à 0 m. 40 c. au-dessous d'une tête pâle et longue, surmontée elle même d'un certain nombre de kilos de cheveux couleur Bismark; des yeux coupés en coque de navire, aux cils noircis avec art et doucement cernés à la main; un petit nez relevant ses narines roses avec une effronterie tout à fait crâne ; une bouchelette aux lèvres un tantinet épaisses, mais d'une chair si fine en ses pétulantes rougeurs, que jamais grenade microscopique ne s'offrit, plus appétissante, à la gourmandise d'un pèlerin en voyage.

Que vous dirai-je ?

La foule des badauds, entassée autour de nos deux personnages, devenait tout à fait gênante, et le restant des expansions entreprises s'effrayait quelque peu d'un auditoire dont il n'avait nul besoin.

Bref, le Vélocipède prit le chapeau mauve à son bras, et peu après ils s'attablaient tous deux dans un cabinet isolé du café Anglais.

Nos lecteurs n'attendent assurément pas de nous que nous assistions ensemble au tête-à-tête gastronomique de ce couple de dineurs.

C'est à peine si nous osons être assez indiscret pour :

1° Jeter un coup d'œil sur le menu, et relever simplement ces quatre lignes :

Potage bisque.
Ecrevisses bordelaises.
Perdreau aux truffes.
Ruinart frappé.

2° Et tendre un instant l'oreille, une seconde, pour recueillir cette bribe du dialogue auquel on prelude :

— « Votre nom, pour que je le bénisse dans mes rêves ?

— « Cora, répondit-elle. »

V

Pendant ces événements, que devenait Clémence ?

Pourquoi avait-elle tant de fois manqué au rendez-vous tacite de son ami à deux roues ?

La chose est des plus simples, hélas ! et des plus vulgaires.

Elle avait, lors de la dernière entrevue, cueilli, dans les fraîcheurs de la saison, un magnifique et plantureux coryza. Son nez, son nez si mignon avait pris, petit à petit, les teintes et les contours d'une tomate.

La pauvre enfant essaya de tous les moyens connus et

ignorés pour se débarrasser le plus vite possible de cette incommodité, qu'elle estimait et qu'un avis désagréable moins intéressé que le sien — ou moins poli — eût trouvée absolument ridicule.

Mais plus elle aspirait de sel gris fondu dans le creux de sa main ; plus elle capitonnait de cérat camphré la partie malade ; plus elle l'ouatait, — si je puis ainsi dire, — de fumigations d'eau de guimauve ; plus elle dépensait de remèdes consacrés par le codex, ou dits « de bonne femme, » — et moins elle avait raison du drapeau subversif arboré par son visage.

Nous n'entreprendrons pas de dire les larmes, les impatiences, les désespoirs et les rages répandues, manifestées, ressenties et écumées, au milieu des fioles, des pots et boîtes de toute nature qu'elle empilait inutilement autour d'elle.

L'aiguille de sa pensée était incessamment tendue vers le point où, chaque jour, à la même heure, tournoyaient, jaunes et vertigineuses, les jantes du Vélocipède !

Tantôt elle essayait de coudre ; tantôt elle se tirait les cartes ; tantôt elle voulait lire, et tantôt pianoter.

Mais toujours, sur la broderie aux patientes arabesques, sur les figures enluminées de mademoiselle Lenormand, sur le régiment noir des lignes courant dans la neige du papier, et sur les ivoires jaunis de son Erard, tombaient, en pluies fines et multipliées, des éternûments sans paix ni trêve.

Le soir du septième jour, la malade agacée cassa toutes ses boîtes, brisa toutes ses fioles, jeta toutes ses eaux, brûla tous ses herbages, et renonça, du coup, à toute médication.

Le lendemain, le coryza bruyant et pleureur avait déménagé — larmes et tapage — et les narines étaient rentrées dans leur nuance ordinaire ; seulement, quand elle s'en aperçut — vous jugez avec quelle joie ! — il était trop tard...

L'heure habituelle de la rencontre était passée.

Il fallait patienter quatorze cent quarante minutes de plus !

VI

« N'importe, » — se dit-elle — « ; je vais sortir tout de « même, ne fût-ce que pour amoindrir, en me distrayant, « les cruautés de l'attente. »

Clémence — élevée à l'anglaise — sortait seule ; du reste, orpheline, et partant indépendante, elle avait toujours eu le bon esprit de ne pas aliéner, au profit de quiconque, sa liberté d'action. D'un jugement droit et d'un esprit sain, elle avait, jusque-là, marché dans la vie d'un pas ferme, décidée à ne trébucher que sur une pierre de son choix. De celles qui, parfois, voulaient s'imposer à ses bottines, elle se détournait, haussant les épaules, fronçant les sourcils, éclatant de rire, ou souriant de dédain, — suivant le cas.

Toutefois, ses vingt-quatre ans commençaient à l'étourdir un peu de leurs réclamations intimes, quand elle vit pour la première fois notre Vélocipède...

Et, de retour en sa chambre, elle avait rêvé des heures entières, et sa poitrine s'était gonflée au vent de soupirs jusqu'alors inconnus, et — l'heure du traversin venue — elle ne put fermer l'œil, et toute la nuit il lui parut que son matelas était bourré de plis de feuilles de roses.

S'il en fut ainsi à la première entrevue, on s'imagine sans peine ce qu'il devait en être après la centième !

Ces choses, en effet, duraient déjà depuis trois mois, lors que le rhume de cerveau vint se jeter à la traverse.

Et — détail incroyable ! — pendant ces trois mois rien

autre n'avait été échangé entre eux que ce dont nous avons parlé plus haut, à savoir :

Des coups de soleil et des coups de chapeau.

VII

Donc, elle fit un bout — un grand bout — de toilette, et sortit.

Est-ce un pressentiment qui dirigea sa promenade : *chi lo sà?*

Mais le fait est qu'à un moment donné, elle s'arrêta court — semblable à une chienne d'arrêt — au seuil du café Anglais...

C'était lui !

. . . .

Il cause sur le trottoir, le dos tourné, tête nue, la figure animée et la bouche pleine, avec un gentleman de ses amis.

Le cœur de Clémence bat à faire éclater les éventails de son corset. Tremblante, l'œil incendié, clouée dans le macadam, elle reste là, le regardant, droite et pâle comme un marbre.

Cette attitude étrange, et qui se prolonge, attire enfin l'attention du susdit gentleman qui laisse échapper un geste d'étonnement ; le Vélocipède intrigué se retourne...

Si jamais la ficelle consistant à remplacer une description ou une analyse psychologique par ces deux syllabes, suivies de ce point de stupéfaction : — **Tableau!** — fut justifiée, on nous concédera bien que c'est en la présente circonstance.

VIII

Le bicycle, tout d'abord ébaubi, se remet au bout d'un instant, se précipite vers Clémence, puis se ravise, revient à l'ami — très effaré lui-même — griffonne trois lignes sur une feuille déchirée de son carnet, la plie, y joint un billet de cent francs, glisse le tout dans la main du gentleman, en même temps qu'il lui prend son chapeau dont il se coiffe, lui jette quelques mots à l'oreille, le pousse vers l'escalier du restaurant, — puis, le sourire aux lèvres, le bras arrondi, s'approche de la jeune femme, et....

Et, tandis que l'autre gravit lentement les degrés du cabaret en vogue, — Clémence et son Vélocipède, l'un sur l'autre penchés et causant à voix basse, s'éloignent d'un pas rapide.

Bien rapide, en effet, car, une seconde plus tard, une fenêtre du café Anglais s'étant ouverte, un chapeau mauve apparut, qui fouilla tout le boulevard d'un œil courroucé, et tandis qu'une voix d'homme disait à l'intérieur :

— Mais je vous jure, ma toute belle, qu'il vient d'être, comme il vous le dit dans ce billet, — surpris et enlevé par la comtesse, sa femme, dont il n'a pu se défaire...

Le chapeau mauve dépité fut obligé de répondre :

— C'est vrai que je ne le vois pas ! Ma foi ! tant pis ; achevons de dîner, mon cher.

Et la fenêtre se referma.

IX

Deux mois après, dans un joli boudoir de la rue Maubeuge, une fringante cocotte dépliait le *Petit Journal*, et, tressaillant tout à coup :

— Elle est bien bonne, celle-là !

— Laquelle ? demanda un gentleman, nonchalamment étendu sur un divan, et tout à fait absorbé dans la résolution de ce grave problème :

« Étant donné le bout d'une botte chaussée et celui

d'une canne en main, mouler, à petits coups, le galbe de celui-ci dans le méplat de celui-là. »

— Tu me demandes laquelle ? Ecoute un peu !

Et la belle se prit à lire :

« Hier, à l'église de la Trinité, a été célébré le mariage du comte Alfred d'Orfraie avec mademoiselle Clémence Paraguay. Tout Paris sait que le comte est le plus habile vélocipédiste de l'Europe. C'est même à cette habileté, dit-on, qu'il est redevable de son bonheur et de sa fortune.... De son bonheur, car sa femme est charmante ; de sa fortune, car elle ajoute à l'*aurea mediocritas* de son mari la bagatelle d'un million dont elle vient d'hériter. — Nous pouvons affirmer en outre qu'un des plus précieux joyaux de la corbeille est certain vélocipède d'or, microscopique, dont les ressorts, frein, etc., sont d'argent bruni, et les moyeux, poignées, etc., de diamant.. . »

— Et puis ? fit le jeune homme.

— Comment! reprit-elle; mais ce comte-là est mon lâcheur du café Anglais....

— Ensuite ?

— Mais alors, il n'était pas marié, et toi, qui me l'as affirmé, tu m'as fait poser !

— Parbleu !

— Elle fit mine de se fâcher ; il se leva doucement, lui mit un baiser sur la nuque, et de sa voix la plus emmiellée :

— Est-ce que vous m'en voulez beaucoup, Cora ?

Elle eut l'air de réfléchir un instant ; mais, soudain, et comme dans une explosion du cœur impossible à contenir :

— Eh bien ! non.... au contraire !

Sa parole s'arrêta sur ce mot, mais sa pensée alla plus loin :

— « Seulement.... ça te coûtera cher ! »

X

Clémence et son vélocipède vécurent heureux — jusqu'à présent.

Il est vrai que leur ménage n'est encore âgé que d'un demi-quartier de lune.

Auront-ils beaucoup d'enfants ?

Cette question, intéressant la vie privée au premier chef, nous nous abstiendrons d'y répondre.

Jules DEMENTHE.

LA MODE

ET LES VÉLOCIPÈDES

Brummel, dit-on, faisait cinq toilettes par jour, comme il convient aux dandys besogneux, accablés de dettes et qui n'ont pas grand chose à faire. Il exagérait peut-être le scrupule à cet égard, mais il affirmait que le costume de l'homme qui se lève ne peut être le même que celui de l'homme qui déjeune, de l'homme qui sort, de l'homme qui dîne et de l'homme qui danse. Nous ne lui chercherons pas querelle là-dessus.

Reste à trouver le costume de l'homme ou de la femme qui monte à Vélocipède. Ce n'est pas une petite affaire, et nous avons porté la question devant plusieurs tailleurs qui l'ont gravement débattue. C'est fort de leur expérience et des études que nous avons faites sur le vif que nous soumettons à nos lecteurs le résultat de nos réflexions.

COTÉ DES HOMMES

Pas de chapeau tuyau de poêle ; c'est une gêne et un embarras. Il peut être renversé par une branche d'arbre, par une secousse ; dans les courses rapides, la résistance de l'air peut suffire à décoiffer le cavalier. Il faut donc qu'on se contente, ou d'une casquette élégante, ou d'un chapeau rond, assujetti par un ruban.

Des vêtements simples, justes, dégageant la cuisse ; des pantalons enfermés dans des bottes ou des demi-bottes, laissant au pied toute sa liberté ; ce sont là nos prescriptions. Nous ne conseillons pas la blouse, à moins qu'elle ne soit fort courte. Le fond du pantalon doit être solide et résistant.

COTÉ DES DAMES

Ici, nous sommes un peu émus, et nous hésitons entre des recommandations sévères et l'indulgence qu'il faut avoir pour la coquetterie naturelle au sexe faible. Aussi serons-nous moins absolus dans nos conseils ; nos élèves pourront choisir à leur guise entre les costumes suivants :

LE GAMIN. — Blouse courte, casquette à visière basse, ceinture ; pantalon renfermé dans des demi-bottes. Voilà certainement l'accoutrement le plus commode que les dames puissent adopter. Toutefois, il n'a rien d'extrêmement gracieux, et les femmes courant dans ce costume ont l'air de véritables polissons. Il est entendu qu'elles doivent renoncer aux jupons et à tout ce qui gonflerait outre mesure leurs vêtements.

LE GANDIN. — Ce costume n'a pas besoin d'être décrit. Disons simplement qu'il est absurde. Nous en sommes bien fâchés pour les milliers de Parisiennes qui ne voient dans le carnaval que le privilége d'emprunter des habits au sexe barbu. C'est tout bonnement atroce et de mauvais goût.

LA FANTAISIE. — Cet uniforme galant remporte à coup sûr la victoire; il n'a qu'un inconvénient, c'est de ne pouvoir se décrire. Une toque russe à plumet dressé, un justaucorps fourré ou passementé, voilà pour la tête et le buste ; mais le reste !... Ah ! le reste est le difficile, et je ne saurais mieux faire que de renvoyer à nos dessins. Peut-être les trouvera-t-on un peu troussés; — on peut mettre de l'eau dans son vin. Rien n'empêche de porter des pantalons de dentelle tombant sur le genou et dégageant simplement la jambe, — mais la jambe doit se montrer.

Si l'on organise des courses de femmes, c'est probablement à cause de l'attrait particulier qu'elles présentent. Que les dames s'habillent en voyous, le but est manqué. — Ces courses doivent présenter un caractère de grâce et d'élégance qui dépend surtout du costume féminin, de la souplesse des écuyères et de leur façon de gouverner leurs montures. Il leur faut sans doute de hautes bottines, mais non pas des bottes à l'écuyère. Les jupons ne doivent pas descendre outre mesure ; il les faut libres, flottants, sans empois, et dégagés de toute espèce de crinoline. Il n'y a aucun mal à les raccourcir ou même à adopter un costume de page. Cela dépend des aptitudes — et des formes.

N'allons pas plus loin, car nous ne voulons nous brouiller ni avec M. Dupanloup, ni avec M. Veuillot. Est-ce donc bien mal de montrer sa jambe ? J'ai connu de très honnêtes femmes qui disaient que non. — Il est vrai qu'elles avaient la jambe bien faite.

UN TAILLEUR

Qui se fera connaître.

OU MÈNE UN VÉLOCIPÈDE

Voici la sinistre Légende du comte Raoul de Rochefort, — lequel vécut garçon jusqu'à l'âge de trente ans et finit par le Vélocipède, — telle qu'on la raconte au Jockey-Club, entre deux parties d'écarté, le dos au feu et le cigare aux lèvres...

Raoul, vigoureux et bien portant, sain de corps et d'esprit, jouissait d'une fortune qui lui permettait de mener grand train et large vie. Doué d'une intelligence exceptionnelle, il comprit que l'existence inepte des petits crevés, — si jolis qu'ils soient — n'était pas faite pour son tempérament. Il aimait peu la dame de trèfle et ne protégeait aucune bouquetière. Après quelques hésitations, il résolut de voyager, afin de voir si le monde s'étendait au delà de la place Pigalle et du quartier du Luxembourg, chose qu'on lui avait affirmée au collége et qu'il avait d'ailleurs lue dans quelques traités de géographie. On ne l'avait pas trompé. Il explora l'Amérique, l'Australie et le Grand-Montrouge, où il vit des choses vraiment curieuses, qu'il n'eût pu rencontrer à Paris, même en payant. Après quelques années d'aventures, il s'engagea comme volontaire dans l'expédition du docteur Pettermann au pôle Nord, moins pour arriver au passage de l'axe du globe, que pour se rendre compte par lui-même des facultés de linguistique qu'on a peut-être un peu trop libéralement accordées aux phoques. Il s'équipa d'une manière admirable et fort prudente ; mais la nostalgie s'empara de lui au moment où il achetait des fourrures sur le boulevard Montmartre. Il céda son droit de passage à Jules Verne, qui désirait contrôler certains endroits scabreux du manuscrit que lui avait légué le capitaine Hatteras. Raoul se décida à redevenir Parisien et songea à rendre une visite à son oncle.

L'oncle du comte Raoul s'appelait le marquis Gédéon de Marcheprime. Soixante ans, l'œil vif et clair, l'esprit prompt, le geste facile, ce vieux gentilhomme eût pu renier son âge, sans les accès de goutte qui l'enchaînaient à son fauteuil. Il voyait son neveu sans peine, quoiqu'il fût son héritier ; il retrouvait en lui les défauts et les qualités qui l'avaient fait autrefois réussir dans le monde.

Raoul, et cela peut paraître extraordinaire dans un héros de roman, ne manquait pas de défauts. C'était un esprit ardent, mais qui ne s'enthousiasmait qu'à bon escient et ne prenait pas les nèfles pour des diamants, si mûres qu'elles fussent. Il brillait au premier rang dans le monde parisien, et faisait le beau des redoutes d'Arsène Houssaye, où il avait séduit par sa prestance la reine d'un pays voisin, fraîchement dépossédée. La discrétion nous empêche d'en dire davantage. Raoul se conduisit assez mal dans cette circonstance, car il avait tant voyagé et tant vu de femmes noires, blanches, jaunes et rousses, qu'il savait ce qu'en vaut l'aune et qu'on le surfaisait difficilement. Il les pesait dans la balance de la jeunesse et de la beauté, ce qui l'exposait à se tromper un peu moins qu'un autre.

Pour les hommes, il ne s'en occupait jamais. Il les trouvait si parfaitement laids que c'est à peine s'il faisait une exception pour lui-même. Aussi n'avait-il jamais bien compris pourquoi les femmes se décidaient, de temps en temps, à aimer les singes virils qui représentent une moitié de l'espèce humaine. Il fallait pourtant se rendre à l'évidence. Pour excuser les femmes, on peut dire que l'homme est, à tout prendre, le plus propre des orangs-outans, et qu'elles font, à cet égard, contre mauvaise fortune bon cœur.

Raoul n'était pas sans appréhensions, en se dirigeant vers la rue du Bac, où demeurait le marquis son oncle. Il y avait bien dix ans qu'il ne l'avait vu, et c'est à peine si deux ou trois lettres avaient rappelé à ce vieillard aimable qu'il avait par le monde un neveu qui comptait sur sa succession. Toutefois, Gédéon reconnut le jeune homme du premier coup d'œil, et il lui tendit bravement la main, sans autrement s'attendrir, car les émotions lui étaient contraires. Le comte allait entamer le récit de ses aventures, quand le vieillard l'interrompit, pour lui raconter, pour la cent quatre-vingt-dix-septième fois, la prise du Trocadéro, où il avait eu l'honneur insigne de commander une compagnie de voltigeurs.

Cela terrifia Raoul, qui fit cependant bonne contenance et applaudit aux bons endroits. — Ce que voyant, le bonhomme entra dans la voie des confidences et lui avoua qu'il l'avait récemment déshérité, au profit d'une fille de vingt ans, qui prétendait être quelque peu sa nièce, et qui s'était constituée, bon gré mal gré, son ange gardien.

— Tu ne connais qu'elle, dit-il, c'est la petite Pipette.

— Pipette! répondit Raoul en bondissant sur sa chaise; quoi! cette espèce de singe roux que j'ai vu, il y a dix ans, se rouler dans votre antichambre? Mais ce n'est pas une femme! Et puis, mon oncle, réfléchissez un peu : N'était-ce pas la fille de Coraline, camériste de ma défunte tante?

— En effet.

— Comment donc serait-elle votre nièce?

— Ah! dit l'oncle un peu embarrassé, il y a comme cela des choses qui étonnent au premier abord. Ce qu'il y a de sûr, c'est que c'est une charmante fille. Elle me cajole, elle m'amuse; elle trouve que mes rhumatismes me vont bien!...

— C'est une coquine qui vous exploite!

— Hein! fit l'oncle en fronçant le sourcil, tu parles comme un sot, mon neveu. Que tu coures en Australie, je n'y vois pas de mal. Mais que tu prétendes que j'ai tort de préférer, à toi que je ne vois jamais, une fillette accorte, jolie et complaisante, — cela me fait de la peine.

— Et à moi aussi, mon oncle. Prenez-y garde; vous ne durerez pas.

— Tu es un polisson. Pipette est vertueuse, — et je suis moins dénaturé que tu le crois. Je ne tiens pas à te déshériter, moi! Pipette est bien élevée...

— Qu'est-ce que cela me fait?

— Elle est charmante et fort distinguée; elle joue au volant comme feu Raquette lui-même. Pourquoi ne l'épouserais-tu pas?

— Pipette !!!

— Oui, Pipette.

— Que l'enfer !... Ici, Raoul eut l'intention de jurer comme un possédé. Mais, après réflexion, il s'arrêta. Un sourire retroussa le coin de ses lèvres ; il effila lentement les pointes de ses moustaches.

— C'est une drôle d'idée que vous avez là, dit-il.

— Avant de t'emporter, réfléchis un peu : J'ai des raisons, dit le vieux gentilhomme, en se dandinant d'un air fat, pour croire que Pipette me touche de fort près. Elle me l'a persuadé d'ailleurs. Elle me soigne, elle m'empâte si bien que je crois entendre la voix du sang. Donc, si c'est ma fille, tu ne te mésallies pas.

— Ajoutez, dit Raoul, que c'est le moindre de mes soucis. De beaux cheveux, de grands yeux, de petites dents blanches constitueront toujours la plus pure des aristocraties féminines. Il n'est pas de parchemins qui vaillent l'éclat de deux belles épaules, assises dans des dentelles et dessinant des golfes et des promontoires. Et quant aux blasons ..

— Tu feras sagement de n'en pas parler, dit l'oncle, à moins que tu ne veuilles voir remonter ma goutte...

— J'en passe, dit Raoul, et des plus beaux ! Vous voyez que je suis sans préjugés. Mais laissez-moi vous dire que Pipette, que le diable emporte... Eh bien ! non, il ne l'emportera pas !... Pipette, dis-je, est noire comme une taupe, laide comme une macaque, et quelque peu bossue.

— Ouais ! dit l'oncle, me crois-tu si mauvais goût, ou supposes-tu que je m'aveugle? Autre chose est de voir une gamine de dix ans, maigre et chétive, ou une fille de vingt, fraîche et fleurie, bien en point, et qui, si elle est bossue, porte ses bosses ailleurs que dans le dos .. Au reste, la vue n'en coûte rien. Voici l'heure où nous partons pour le bois.

— Vous allez au bois ?

— Sans doute.

— Et comment ?

— En fauteuil à roulettes.

— Et Pipette ?

— En vélocipède. Nous accompagnes-tu ?

— Ma foi, non !

— A ton aise.

Sur ces entrefaites, Pipette entra, vêtue d'un costume élégant et léger, qui rappelait l'uniforme des blooméristes, corrigé par la coquetterie féminine et le goût français. Des bottines à hauts talons serraient son pied cambré et sa jambe fine, pour s'évaser à la naissance du mollet qui s'égarait dans un flot de dentelles. Pantalons ou jupons, des cascades de fine toile et de broderies ondulaient sous un jupon court, qui ne descendait guère plus bas que le genou. Le haut du vêtement tenait du gilet et de l'amazone, mais au lieu de la rigidité des cols plats et des chemisettes empesées, le cou de la jeune femme, d'un ton blanc doré, se perdait dans une cravate très lâche et très ample, d'un satin noir relevé d'agréments cerises. — Coiffez d'un petit chapeau rond, une figure éveillée, mutine, quelque peu insolente, éclairée de deux grands yeux noirs, et vous aurez l'idée de l'apparition qui rendit Raoul muet pendant quelques secondes.

— Le temps est clair, dit Pipette ; le soleil brille ; le bois doit être resplendissant. Venez-vous, mon vieil ami ?

— Sans doute, dit l'aimable octogénaire, mais je voudrais décider mon neveu à venir avec nous.

Pipette parut alors s'apercevoir de la présence d'un

inconnu. Elle se retourna à peine, et salua du geste Raoul, qui s'était incliné.

— Monsieur Raoul ? dit-elle. Je me souviens très bien de vous. Venez donc.

— Je viendrais certainement, mademoiselle, si j'avais un cheval sous la main.

— Je puis vous offrir un Vélocipède, si vous savez vous en servir.

— Je n'ai jamais essayé, je l'avoue ; mais j'ai quelque idée de cette gymnastique.

— Oh ! oh ! dit la jeune fille,

Vos pareils à deux fois ne se font pas connaître,
Et pour leurs coups d'essai veulent des coups de maître...

C'est entendu ; je vais faire préparer nos montures.

Elle sortit crânement, en faisant siffler le jonc qu'elle tenait à la main.

— Eh bien ! dit l'oncle Gédéon, n'est-ce pas une merveille ?

— Heuh ! heuh ! fit Raoul passablement empêché, il y a fort à dire là-dessus. Voyez-vous, mon oncle, je me méfie de vos beautés parisiennes. C'est menu, c'est fragile, c'est étriqué ; il n'y a pas à compter sur cela. Elles ressemblent à des omelettes soufflées. Tant que le bal les anime et les agite, elles font la roue, comme des paons au soleil ; leurs regards brillent, leur voix résonne ; elles sont réellement fort agréables. Au premier froid, quel aplatissement !

— Tu crois que Pipette ?...

— Je ne crois rien. Elle est même moins laide que je ne pensais. Mais je suis un vieux routier. Tenez, j'ai connu une reine, en Australie, qui ne s'habillait que d'un collier. Eh bien ! elle trouvait encore le moyen d'en faire accroire.

— Tu m'étonnes !

— J'y ai moi-même été attrapé. Non, je ne me laisse pas prendre à l'apparence, à l'allure, aux minauderies de vos poupées. Pas si bête !

— Enfin, dit l'oncle, les opinions sont libres. En route !

Une demi-heure après, Pipette entrait au Bois de Boulogne, caracolant autour du fauteuil de l'oncle Gédéon qui se prélassait au soleil. Raoul, après un court apprentissage, la suivait de près, et c'est à peine si un peu de raideur trahissait en lui l'inexpérience du débutant. Ainsi jadis Elleviou, arraché par la nécessité à la vie privée et jeté sur les planches, devint en une heure le premier comédien de son temps.

Raoul, cependant, avait des distractions, et ses progrès en souffraient visiblement. Pipette, assise à califourchon, attirait les regards des promeneurs. Raoul la considérait avec curiosité, et se demandait s'il ne serait pas extravagant de céder au caprice de son oncle. Pourtant il était forcé de s'avouer que Pipette n'était pas bossue. Sur la foi du marquis, il la tenait pour vertueuse et bien élevée. Il y avait dans cette histoire des points qui l'inquiétaient et d'autres qui l'attiraient. Ce n'est pas qu'il tînt beaucoup à l'héritage ; toutefois il est des dispositions d'esprit où les idées les plus singulières s'infiltrent dans l'entendement, et le projet de mariage qu'il avait d'abord si vivement repoussé, ne lui paraissait plus aussi bizarre. Restait le choix de la femme : Pipette en valait bien une autre. Elle en avait l'air du moins...

Comment s'en assurer ? Raoul, entraîné par une galanterie un peu vive, commettait imprudences sur imprudences ; il papillonnait autour de la jeune fille, admirant son corsage svelte et gracieux, qui se bombait sous ses aspirations, et les mouvements nerveux de ses petits pieds ; il s'étonnait de voir des jambes aussi rondes pour une taille aussi mince.....

C'est en rêvant ainsi qu'il accomplit un vaste circuit dont il ne calcula ni le diamètre ni le sinus. Au lieu de passer au-devant de la jeune femme, il arriva directement sur elle et poussa un cri ; elle l'aperçut et voulut fuir... Trop tard ! — Lancés à toute vitesse, ils se rencontrèrent à angle droit et roulèrent tous deux dans la poussière.

Le choc le plus rude fut heureusement supporté par les Vélocipèdes qui volèrent en éclats : Raoul se releva en un clin d'œil, mais Pipette, pelotonnée comme un lièvre sous une charge de plomb, fut lancée sur les gazons dans le plus étrange désordre.....

Raoul l'enleva dans ses bras, et se jetant dans une voiture qui passait, se fit conduire à l'hôtel de Marcheprime à toute vitesse. L'oncle demeura seul, au milieu des débris des Vélocipèdes.. .

Il rentra chez lui, passablement soucieux, après avoir donné son nom aux gardes qui déclarèrent dresser procès-verbal. Son premier soin fut de monter à l'appartement de sa nièce, qu'il trouva couchée sur une chaise longue, un peu pâle, et passablement dégrafée.

Raoul était auprès d'elle ; il accueillit son oncle par un mot plein d'effusion :

— Je l'épouse ! dit-il.

— Mais, dit l'oncle avec un peu de malice, et les parchemins ?

— Ils me suffisent.

— Et le blason ?

— Je m'en contente.

Le tout est de bien tomber.

Ceci est la légende du comte Raoul de Rochefort, lequel vécut garçon jusqu'à l'âge de trente ans, et finit par le Vélocipède.

A. R.

SUR LE CHOIX D'UN VÉLOCIPÈDE

Nous n'avons pas de conseils précis à donner à nos lecteurs sur le choix d'un Vélocipède, si ce n'est de s'adresser à une maison de confiance, telle que celle que nous recommandons plus loin. Un Vélocipède mal disposé ou de mauvaise fabrication peut, en effet, être la cause de graves accidents.

Les Vélocipèdes doivent être construits en fer forgé de première qualité, et réunir des conditions de solidité et de légèreté spéciales. Leur poids varie de 20 à 30 kilogrammes, sans bagages et sans lanterne. Le rapport entre les diamètres des roues est ordinairement 80/65 c. — 85/70 — 90/75 — 95/80 — 100/80 c.

On ne donne plus d'un mètre de diamètre qu'aux grandes roues des Vélocipèdes à trois roues, qui sont de véritables cabriolets.

Lorsqu'on commande ou qu'on achète un Vélocipède par correspondance, il est utile d'envoyer au fabricant le poids de son corps et la hauteur de ses jambes, pour qu'il puisse donner à la machine les dimensions les plus commodes et la solidité nécessaire.

N.

LES PODOSCAPHES

OU VÉLOCIPÈDES MARITIMES

Ce petit livre serait incomplet si nous ne consacrions quelques lignes aux Podoscaphes, dont des modèles ont fonctionné en 1868 sur la rivière du bois de Boulogne. Au milieu d'un bateau étroit et long se trouve une roue, qui plonge au tiers dans l'eau par une ouverture pratiquée au fond de la barque. Des cloisons l'entourent de façon à ne pas permettre à l'eau de pénétrer dans l'embarcation. A cheval sur l'éminence formée par cet appareil, le navigateur appuie ses pieds sur des pédales attachées au moyeu de la roue et lui imprime un mouvement de rotation. La roue est armée de palettes qui battent l'eau et font avancer le bateau rapidement.

Il semble qu'on pourrait simplifier ce mécanisme en

remplaçant la roue centrale par deux roues latérales placées comme celles des anciens bateaux à vapeur. Elles seraient unies par un axe auquel on fixerait des pédales simples ou doubles, de façon à permettre au besoin à deux personnes d'exercer à la fois leur action sur le moteur.

Il serait également facile d'appliquer la force humaine à faire mouvoir une hélice placée à l'arrière d'une embarcation et servant de propulseur. Il suffirait d'organiser au centre du bateau, où au point ou la force s'appliquerait le plus aisément, une transmission de mouvement.

Ces modes de locomotion se rattachent aux Vélocipèdes, en ce qu'ils permettent d'utiliser des forces analogues à celles qui se déploient dans l'action de la marche. Ces forces ne sont pas seulement nerveuses et empruntent une partie de leur action au poids du corps ou du moins des membres inférieurs. Aussi convient-il de placer le conducteur d'un podoscaphe dans une position un peu élevée, ce qui rend moins stable l'équilibre du bateau, mais augmente l'effet de son action. Il y a donc, dans ce genre de courses, des précautions à prendre et des dangers à éviter.

P.

LE VÉLOCIPÈDE-MICHAUX

Nous avons parcouru, sur le Vélocipède de l'idéal, tous les sentiers de la fantaisie. Il est peut-être temps de mettre pied à terre et de traiter la question au point de vue matériel. La prose ne perd jamais ses droits.

Il faut constater les progrès immenses que doit cette industrie intéressante et nouvelle à l'un de ses plus ardents propagateurs, M. Michaux, inventeur breveté du Vélocipède à pédales, dont le nom est pour les Vélocipèdes de luxe et d'utilité la meilleure marque de fabrique.

L'usine et les ateliers de la maison Michaux sont établis rue Jean-Goujon, 27, aux Champs-Elysées, et occupent un personnel considérable. Un manége élégant, dans lequel les adeptes du Vélocipède apprennent en quelques leçons, d'un professeur habile, l'art de manœuvrer leur monture et de conserver leur équilibre, complète cette organisation industrielle, dont le succès s'accroit tous les jours (*).

Le public s'y renouvelle constamment; des mères de famille, des amis, des esprits inquiets qui hésitent avant d'aborder le Vélocipède, viennent assister aux leçons des jeunes gens et constater leurs progrès rapides, car il est des aptitudes singulières, et certains élèves, en quelques heures, deviennent écuyers émérites.

Le Vélocipède à pédales, créé par M. Michaux, et qui figure en tête de cet article, se distingue entre tous par son élégance, sa légèreté et sa solidité. Cela explique et justifie la vogue universelle dont il jouit auprès des connaisseurs. C'est le cheval de sang comparé aux chevaux de fiacre. M. Michaux nous communique les prix, relativement modiques, auxquels sont vendus ses Vélocipèdes, et nous croyons que ces renseignements peuvent intéresser nos lecteurs :

VÉLOCIPÈDES

Vélocipède fer fin, peint, pédales fer, frottements de bronze, frein, selle cuir verni, 270 fr.

Vélocipède fer fin, peint, frottements bronze, manivelles à coulisses, gouvernail à coussinets, pédales bronze, selle peau de truie, 300 fr.

Vélocipède ferrures polies, roues peintes, pédales-patent et godets graisseurs, 400 fr.

(*) Michaux et Cie, fabricants de Vélocipèdes : usines, ateliers de fabrication, manége d'école et d'essai, 27, rue Jean-Goujon, à Paris (usines en province). Ne pas confondre avec d'autres maisons du même nom.

ACCESSOIRES PRIS ISOLÉMENT

Chiffres-Armoiries.

Pédales-patent,	35 fr.
Godets graisseurs,	10 »
Porte-manteau,	10 »
Clef universelle,	6 »
Dossier de voyage,	20 »
Sel cuir verni,	10 »
Gouvernail à coussinets,	20 »
Sacs divers,	10 à 30 »
Selle caoutchouc,	30 »
Selle peau de truie,	15 »
Burettes,	5 et 10 »
Lanternes,	10 à 30 »
Pédales bronze,	20 »
Manivelles à coulisses,	20 »
Compteurs,	30 »
Manche caoutchouc,	20 »

La maison MICHAUX et Cᵉ exécute sur commande des Vélocipèdes pour voyages, promenades, carrousels et courses.

Vélocipèdes pour enfants au plus juste prix.

Pour faire une commande, indiquer la mesure de longueur des jambes et la peinture que l'on préfère.

Vélocipèdes à trois roues, même système que celui des Vélocipèdes à deux roues, ne différant que par l'addition d'une deuxième roue derrière, 400 et 450 francs.

Les Vélocipèdes-Michaux, ou leurs accessoires, sont garantis sur factures. Les matières premières employées à leur fabrication sont l'objet d'un choix minutieux.

Les Vélocipèdes à trois roues peuvent facilement se transformer en Vélocipèdes à deux roues, en changeant simplement l'essieu de la roue de derrière.

Disons, en terminant, que la maison MICHAUX a des représentants dans les principales villes de France et de l'étranger.

On rencontre son Vélocipède à pédales sur les cours de Paris, de Marseille, de Vienne et de Berlin, ainsi que sur les grandes routes. Il transporte à toute vitesse le facteur rural dont il réduit la fatigue et accélère le service ; il n'est plus de longues courses avec un Vélocipède-Michaux ; les excursions de quelques lieues se changent en promenades d'agrément ; il supprime les distances, rapproche les amitiés, se loge dans un coin et ne fait jamais monter le prix des fourrages.

NOLY.

TABLE DES MATIÈRES

Paris. — Typ. Alcan-Lévy, boul. de Clichy, 62.

LIBRAIRIE DU PETIT JOURNAL

21, Boulevard Montmartre, à PARIS

La Sténographie sans maître, ou *l'Art d'écrire aussi vite que l'on parle,* appris en quelques heures et enseigné en dix leçons, d'après la méthode la plus simple et la plus rationnelle, mise à la portée de toutes les intelligences, par A. Roby, sténographe officiel. — 2e édition. — Cet ouvrage remarquable est destiné à populariser une des sciences les plus utiles et les plus intéressantes. Il forme un beau volume in 8°, avec plus de **mille** bois gravés dans le texte et des planches également gravées. — *Franco* par la poste, 3 fr.

Les Aventures de Cogne-Fétu, ou les égarements d'un trop bon cœur, conte du Grand Jacques, illustré et colorié par Spring, — album moral et divertissant, cartonné. 3 fr.

La mille et deuxième nuit, conte inédit d'Edgard Poë, illustré par André Gill. Ce chef-d'œuvre du célèbre auteur américain touche aux dernières limites de la fantaisie, et contient le huitième voyage de Sindbad le marin. Grand album cartonné.. 3 fr.

Les Contes des Fées d'Antoine Hamilton : — *Le Bélier ; Fleur d'Epine ; Les quatre Facardins,* complétés, *L'Enchanteur Faustus ;* — édition artistique sur papier des Vosges. Quatre volumes cartonnés ou brochés, à l'usage des bibliophiles, *franco*.. 5 fr.

Envoi immédiat et *franco* de tous ouvrages demandés par lettre affranchie, accompagnée de mandat ou timbres-poste.

Typ. Alcan Lévy

www.ingramcontent.com/pod-product-compliance
Ingram Content Group UK Ltd.
Pitfield, Milton Keynes, MK11 3LW, UK
UKHW021546260726
13993UKWH00002B/669